JN368244

세균무기의
스타트업 바운스백

세균무기의 스타트업 바운스백

1판 1쇄 발행 2025년 7월 4일

지은이 세균무기(유세균)
펴낸이 장성두
펴낸곳 주식회사 제이펍

출판신고 2009년 11월 10일 제406-2009-000087호
주소 경기도 파주시 회동길 159 3층 / **전화** 070-8201-9010 / **팩스** 02-6280-0405
홈페이지 www.jpub.kr / **투고** submit@jpub.kr / **독자문의** help@jpub.kr / **교재문의** textbook@jpub.kr

소통기획부 김정준, 이상복, 안수정, 박재인, 박새미, 송영화, 김은미, 나준섭, 권유라
소통지원부 민지환, 이승환, 김정미, 서세원 / **디자인부** 이민숙, 최병찬

기획 및 진행 송영화 / **교정 · 교열** 한홍 / **내지 및 표지 디자인** 이민숙 / **내지 편집** 남은순
용지 타라유통 / **인쇄** 해외정판사 / **제본** 일진제책사

ISBN 979-11-93926-81-9 (03320)
책값은 뒤표지에 있습니다.

세균무기의

START-UP BOUNCE BACK

스타트업 바운스백

사람, 팀, 제품
그리고
함께 성장하는 법

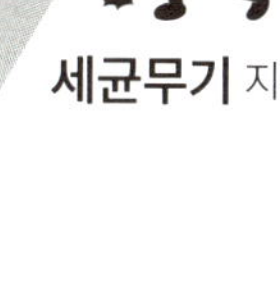

세균무기 지음

Jpub 제이펍

※ 드리는 말씀

- 이 책에 기재된 내용을 기반으로 한 운용 결과에 대해 지은이, 소프트웨어 개발자 및 제공자, 제이펍 출판사는 일체의 책임을 지지 않으므로 양해 바랍니다.
- 이 책에 등장하는 회사명, 제품명은 일반적으로 각 회사의 등록상표 또는 상표입니다. 본문 중에는 ™, ©, ® 등의 기호를 생략했습니다.
- 이 책에서 소개한 URL 등은 시간이 지나면 변경될 수 있습니다.
- 책의 내용과 관련된 문의사항은 지은이나 출판사로 연락해주시기를 바랍니다.

- 지은이: ysk08900@gmail.com
- 출판사: help@jpub.kr

차례

PART 2 성공하는 팀

PART 3 위대한 제품

최근 '회사에서 일 잘하는 법', '프로덕트 오너의 성공하는 제품 관리 방법론', '유니콘이 된 스타트업의 성공기' 등 성공을 다룬 책과 글을 많이 접하면서 성공에 이르는 길은 사람마다 다양하다는 것을 느꼈습니다. 성공한 이들은 저마다 주어진 다양한 환경과 기회 속에서 나름의 돌파구를 찾아 성공에 이르렀습니다. 하지만 그 모든 성공이 '중꺾마(중요한 것은 꺾이지 않는 마음)' 덕분이었을까요? 그렇다면 실패한 사람들은 그 마음이 없어서 실패했을까요?

> "성공하는 방법은 천 가지가 있지만, 실패하는 방법은 단 하나뿐이다."
>
> – **마윈**, 알리바바 창업자

'행복한 가정은 모두 비슷한 이유로 행복하지만 불행한 가정은 저마다의 이유로 불행하다'는 소설 《안나 카레니나》의 도입부와는 다르게, 성공을 위한 방법은 무수히 많지만 실패는 반복되는 패턴을 가지고 있습니다. 그런데도 우리는 같은 실수를 되풀이하기 쉽습니다. 이제는 한 번쯤 실패에 대해 깊이 고민하고, 실패를 피하는 방법을 연구해야 할 때입니다.

실패라는 답을 반복하지 않기 위한 오답노트

저자 '세균무기'는 19년 동안 15개의 IT 기업을 거치며 서비스 기획자, 프로덕트 오너, 창업자로 일했습니다. 국내외 다양한 규모의 기업에서 재직하며 수많은 실패를 경험했고, 이 책을 통해 19년 동안 겪은 자신의 시행착오를 솔직하게 되돌아보고 있습니다. 성공을 다룬 달콤한 이야기와 달리, 실패는 씁쓸한 법입니다. 이 책에서 실패담을 읽으며 안타까움과 씁쓸함이 느껴졌습니다.

그러나 저자는 이 실패의 기록이 스타트업 창업자와 구성원들이 보다 즐겁고 행복하게 일하고, 함께 성장하는 데 도움이 되길 바란다고 말합니다.

저자의 경험이 담긴 이 책은 마치 틀린 문제를 다시 풀어보기 위한 '오답노트'와 같다고 생각합니다. 인재, 팀, 제품에 이르기까지 실패하는 스타트업의 공통된 오답을 생생하게 짚어내고 있습니다.

일을 게임처럼 재미있게 즐기는 방법, 레이드 방법론

저자는 실패에 대한 통찰을 바탕으로 '레이드raid 방법론'을 제안합니다. 집중과 몰입을 방해하는 환경을 극복하고, 업무를 게임의 미션이나 퀘스트처럼 재미있게 즐길 수 있도록 해야 한다는 것입니다. 단순히 일을 하는 것이 아니라, 게임을 하듯 즐길 수 있도록 조직의 문화와 시스템을 설계해야 한다고 말합니다.

저 역시 불완전한 존재이기에 실패에 대한 불안감과 주변 환경에 대한 불만을 느낄 때가 많습니다. 때로는 감정을 참지 못하고 화를 내기도 하고, 억지로 끌려가듯 출근하는 날도 있습니다. 이런 모습이 저를 성공보다 실패에 가깝게 만든 것은 아니었을까 생각합니다. 오답을 반복하면 결과는 뻔합니다. 이제는 오답을 지우고 다시 문제를 풀어야 합니다.

일이라는 게임을 재미있게 즐겨보겠습니다. 그리고 레이드에 승리해 '성공'이라는 보상을 얻어낼 것입니다.

여러분도 이 책을 읽고 실패라는 몹mob을 무찌르는 공대원이 되길 바랍니다. 혹은 공대장으로서 이 전투를 이끌어도 좋습니다. 그 과정에서 성장하고, 성공을 이루어낸 스스로에게 마음껏 박수칠 날을 맞이하길 바랍니다.

이동규 오픈헬스케어 PM

치열한 경쟁이 일상인 스타트업 생태계에서 성공담은 화려하게 부각되지만, 그 뒤에 숨은 시행착오와 난관은 쉽게 드러나지 않습니다. 이 책은 그 공백을 촘촘히 메우며, 성공을 향해 질주하는 스타트업 신화가 아닌 거친 산등성이를 타고 달려야 하는 현실을 보여줍니다. 저자는 국내외 15개 IT 회사를 거치며 숱한 실패와 도전을 겪었고, 이를 바탕으로 스타트업 업계의 구조적 문제부터 개인의 커리어 관리, 팀 빌딩, 조직문화, 제품 기획 전반에 걸친 실무 노하우까지 아낌없이 펼쳐 놓습니다.

특히 주목할 점은 이 책의 비판적 시선입니다. 국내 기업이 인재 육성보다는 경력자 채용에 의존하거나, 교육을 사교육 시장에 맡기는 현실을 날카롭게 분석합니다. 공인인증서 같은 규제 장벽에 기대어 폐쇄적 성장에 만족한 인터넷 서비스의 과오, 대기업 자회사조차 무책임하게 프로젝트를 중단하며 실무자를 내모는 형태 등도 거침없이 지적합니다. 뼈아픈 이야기지만, 우리가 직면해야 할 문제이기에 더욱 의미가 큽니다. 이런 대담한 비판이야말로, 지금 우리가 무엇을 놓치고 있는지 확인하게 해준다는 데 큰 의미가 있습니다.

하지만 이 책은 비판에 머무르지 않습니다. 조직이 문화를 개선하고 직원 성장을 지원하는 방법, 개인이 커리어를 주도하는 법을 현실적이고 구체적으로 제시합니다. 스타트업과 IT 조직에서 활용되는 OKRobjectives and key results 도입 사례, 신규 입사자 온보딩 방식, 교육 비용 지원을 넘어선 체계적 역량 강화 제도 등 실무에 바로 적용할 수 있는 인사이트를 제공합니다. 또한, 팀장과 임원이 간과하기 쉬운 세대 차이 문제와 동기부여 전략도 짚어주어, 세대 갈등을 줄이고 함께 성장할 수 있도록 돕습니다.

최신 트렌드도 놓치지 않습니다. 인공지능AI 시대에 국내 IT 서비스가 글로벌 대기업과 경쟁하려면 어떻게 해야 하는지, AI 인재 부족과 기존 교육 시스템의 문제를 어떻게 해결할 것인지에 대한 고민을 솔직하고 날카롭게 풀어냅니다. 저자는 단기적인 성공 사례를 답습하거나 보여주기식 사업에 의존하는 것이 아니라, 실패를 감수하면서도 혁신을 이루는 용기와 이를 뒷받침할 실무 역량, 사람과 조직을 키워 내는 장기적 안목이 필요하다고 강조합니다.

이 책을 읽다 보면 '나는 얼마나 준비가 되었는가?', '내 조직은 어떤 문제를 감추고 있는가?'와 같은 근본적인 질문을 던지게 됩니다. 똑같은 시행착오를 반복하지 않기 위해서는, 누군가 직접 부딪히며 얻은 구체적 사례와 통찰이 절실합니다. 이 책이 바로 그 역할을 합니다. 청년 창업자, 새로운 돌파구를 찾는 기성 관리자, 조직 내부의 불합리와 씨름하는 실무자, 스타트업 취업을 준비하는 이들에게 일독을 권합니다. 실패 속에서도 배움을 얻고, 궁극적으로 '바운스백(재도약)'하기 위해 이 책이 던지는 문제 제기와 해법을 꼭 새겨보길 바랍니다.

한날(차경묵) 푸딩캠프 대표

프로덕트 매니저는 강의나 교육을 통해 입문하지만, 실무에서는 강의에서 다루지 않는 세부적인 연결고리들이 빠지기 쉽습니다. 결국, 이를 스스로 채우기 위해 시행착오를 겪는 경우가 많습니다. 이 책은 19년간 프로덕트 매니저로 활동하며 업에 대한 깊은 애정을 쌓아온 선배 기획자가, 자신의 생각과 노하우를 담아 집필한 책입니다.

저처럼 주니어 단계를 벗어났지만, 아직 시니어라고 부르기에는 애매하다고 느끼는 기획자와 PM들에게 이 책을 추천합니다. 다만, 이 책은 친절하기만 한 책은 아닙니다. 오랜 실무 경험을 바탕으로 쓰인 만큼, 함축적인 표현과 낯선 맥락이 많아 처음에는 이해하기 쉽지 않았습니다. 저 역시 제 상황에 적용할 부분을 찾기 위해 두 번 정독해야 했습니다.

그럼에도 불구하고, 지난 7년간 국내외에서 다양한 PM 교육을 받으며 막연하게 필요하다고 느꼈지만 명확한 해답을 얻지 못했던 부분들에 대한 답을 이 책에서 찾았습니다. 예를 들어, 유저 저니 맵을 실무에서 어떻게 활용해야 하는지, 디자인 싱킹과 애자일 방법론을 어떻게 운영해야 하는지 등입니다. 이 책을 읽으며 그동안 막연했던 개념이 구체적으로 정리되었고, 실무에 적용할 수 있는 실질적인 방법을 얻을 수 있었습니다.

저와 같은 '중니어' 기획자들에게 꼭 추천하고 싶은 책입니다.

김성호 비비던트코리아 PO

저자와는 10여 년간 스타트업 업계에서 선후배로서, 그리고 같은 PM으로서 교류를 이어왔습니다. 하지만 이 책을 통해 제가 미처 알지 못했던 그의 또 다른 모습을 발견했습니다. 그는 빠르게 변화하는 IT 산업 속에서, 한국과 해외를 무대로 창업자, 외국인 노동자, PM으로 활동했습니다. 그 과정에서 수많은 선택과 고민을 거듭했고, 처절한 고생과 시행착오를 겪으며 값진 노하우를 쌓았습니다. 이 책에는 그런 경험이 솔직하고 생생하게 담겨 있습니다.

이주형 트래블월렛 PM

IT 산업에서 일을 시작한 지가 엊그제 같은데, 2006년 2월 인스턴트 메신저 서비스를 제공하던 '버디버디'에 입사하며 처음 사회생활을 시작했으니, 벌써 19년 넘는 세월이 흘렀다. 계약직까지 포함하면 2004년 8월에 입사했던 미디어랩사 '나스미디어'에서의 경험까지 거슬러 올라가지만, 대학을 졸업하기 전이었기 때문에 그 기간은 제외했다. 그리고 지금까지 14개의 IT 회사를 거치며 어느덧 40대 중반의 중년이 되었다.

2000년대 중반, 인스턴스 메신저 회사와 모바일 결제 서비스 회사를 거쳐 온·오프라인 서점을 운영하는 대기업에 입사했다. 그러나 고작 한 달 만에 대기업의 조직문화가 내 성향과는 맞지 않아 퇴사하고, 연봉까지 낮춰서 작은 벤처기업으로 이직했다.

가족과 친구는 "누구나 가고 싶어 하는 그 좋은 대기업을 그만두고 언제 망할지도 모르는 회사로 왜 이직하는 거야?"라며 나의 선택과 결정을 이해하지 못했다. 특히 아버지는 아들이 이름만 대면 누구나 알 수 있는 대기업에 입사했다고 대견스러워하셨는데 한 달 만에 그만두고 작은 벤처기업으로 이직한다고 하니, "사내자식이 그렇게 근성이 없어서야 쓰겠냐?"라며 나무라고 실망하셨다.

그도 그럴 것이, 언제 망할지도 모를 작은 벤처기업으로 연봉까지 낮춰 가며 이직했으니 쉽게 이해하기 어려웠을 것이다. 당시에는 벤처 붐이 꺼지고 '스타트업'이라는 단어조차 생소하던 시기였기 때문에 지금과는 분위기가 사뭇 달랐다.

그러나 수직적이고 보수적인 조직문화, 반복되는 문서 작성과 결재로 인한 느린 업무 프로세스, 연공서열 중심의 승진과 보상 체계, 팀 중심 문화로 인한 부서 간의 이기주의 등이 만연한 고리타분한 조직에서 부모님 세대처럼 평생 일하고 싶지는 않았다. 그전에 벤처기업을 경험한 탓인지, 평생 거대한 기계의 작은 부품처럼 정해진 업무만 해야 한다고 생각하면 넥타이로 목을 조르듯 숨이 턱 막혔다. 요즘 많은 청년이 어렵고 힘들게 입사한 대기업이나 공직을 1년도 채우지 못하고 퇴사하는 것도 그런 이유가 아닐까 싶다.

어렵고 힘들게 입사한 대기업이나 공직을 박차고 나오는 데는 많은 고민을 했을 테고 용기가 필요하다. 퇴사 이후에 엄청난 고난과 역경이 따를 수도 있기 때문이다. 이는 주체적인 결정으로, 인내심과 근성의 문제라기보다는 인생에 책임지고 고난을 감수하며 내린 용기 있는 행동이라고 할 수 있다. 따라서 따뜻한 격려와 응원이 필요하다.

그런데 사회와 기성세대는 아무것도 하지 않으려 포기한 것과 용기 있는 결정을 구분하지 않고 자신들의 잣대만 들이대며 쉽게 판단하고 질책한다. "회사 안은 전쟁터지만, 회사 밖은 지옥이다"라는 드라마 〈미생〉의 대사처럼 지옥으로 뛰쳐나와 새로운 기회를 찾으려는 사람들에겐 따뜻한 격려와 응원이 필요하다.

어쨌든 정작 벤처기업으로 돌아왔는데, IT 산업은 폭발적으로 성장하는 데 반해 국내 시장은 규모가 작다 보니 경쟁이 치열해 많은 회사나 제품이 실패를 경험할 수밖에 없는 상황이었다. 그래서 IT 종사자들의 근속 연수도 짧고 이직이 잦았다. 잦은 야근에 **크런치 모드**crunch mode라며 간이침대에서 쪽잠 자며 철야하던 열정 넘치던 선배들도 업계에서 하나둘씩 자취를 감췄다. 그만큼 당시 국내 IT 산업은 장밋빛 미래를 꿈꾸기에는 초기 단계였고 근무 환경을 비롯한 모든 것이 열악했다.

그래서 스타트업에서 일하는 나와 동료들을 불만 보면 뛰어드는 불나방이라고 여기는 사람도 있었다. 그도 그럴 것이 회사가 망하거나 회사에서 잘리면 통닭집을 차려야 한다며, 통닭집을 차리는 데 드는 비용을 정리한 문서가 업계에 돌기도 할 정도였으니 말이다. 실제로 회사 주변 통닭집 주인들 중에는 실력이 뛰어난 개발자 출신이 많아서, 코딩을 하다 막힐 때 통닭집에서 코딩 이야기를 하면 주인장이 와서 문제를 해결해 줄 것이라는 농담을 하기도 했다. 통닭집을 차릴 돈도 없었던 나는 '폐지를 주워야 할지도 모르겠다'며 푸념했다. 이런 환경과 분위기 때문에 모두 불안하고 긴장하며 위기감을 느꼈다. 다른 한편으로는, 20~30대의 청년들이 젊음의 패기로 열정을 쏟아붓고 치열하게 일한 덕분에 한국의 IT 산업이 빠르게 성장했는지도 모르겠다.

그러나 당시 5년 차였던 나는 조금은 지친 나머지 넓은 세상에 나가서 일하고 싶었다. 내가 주변 사람에게 해외에 나가서 일을 하고 싶다고 이야기하면, "영어 한마디 제대로 못 하면서 어떻게 해외에 나가서 일을 할 수 있어?"라며 농담처럼 받아들였다. 그런데 그 이야기를 꺼낸 지 몇 달이 지나지 않아 결국 해외로 나갔다. 이때 제출한 이력서만 100통이 넘었다.

나는 빠르게 성장하는 IT 산업에서 사회생활을 시작해 운 좋게도 나름 괜찮은 커리어를 쌓아가고 있었다. 주변의 기대와 바람대로 안정적이고 평범한 삶을 살 수도 있었다. 그런데 대기업에서 작은 벤처기업으로 이직한 것도 모자라, 이번엔 필리핀 마닐라에 있는 스타트업으로 또다시 연봉을 깎으며 이직하겠다고 하자 모두 반대하고 만류했다. 게다가 당시 필리핀에서는 한국인 납치 사건이나 총기 사고 뉴스가 자주 보도되던 터라 목숨이 위험할 수 있으니 그냥 한국에 있으라는 이야기도 많이 들었다. 그러나 아무도 나의 고집을 꺾지는 못했다.

그렇게 나는 걱정, 불안감, 두려움, 기대, 희망, 흥분 등 복잡한 감정을 안고 필리핀 마닐라행 비행기에 몸을 실었다. 영어 울렁증이 심해 인사말조차 제대로 건네지 못할 정도였으니, 지금 생각해도 무모한 도전이었다.

당시 프로덕트 매니저이자 제품 팀의 리더로서 내가 무지하고 역량이 부족했던 탓인지, 2012년 1월에 회사의 사정이 어려워져 1년간의 필리핀 생활을 정리하고 한국으로 돌아와야 했다. 나는 한국에 돌아오자마자 스타트업을 창업하겠다고 결심했다. 대기업에서 작은 벤처기업으로 이직하고, 국내에서 해외로 나가다 못해 이제는 창업까지 하겠다니, 주변 사람들은 어이가 없다는 듯 당황스러워했다. 하지만 언제나 그랬듯, 나는 보란 듯이 로켓을 쏘아올릴 준비를 시작했다.

이런저런 준비 기간까지 포함해 1년 만에 론칭한 모바일 앱은 오픈과 동시에 매출이 발생했다. 그리고 엄청나게 큰 폭은 아니지만 천천히, 꾸준하게 성장했다. 그러나 매출에 비해 지출이 컸고, 재무제표는 항상 적자였다. 차라리 매출이 없거나 성장하지 못했다면 빨리 **피벗**pivot*을 준비하거나 사업을 정리했을 텐데, 작게나마 성장하는 매출이 나를 희망 고문했다. 나는 서서히 끓어오르는 냄비 속의 개구리 같았다.

그렇게 3년 차가 되자 통장의 잔고는 바닥을 보이기 시작했고, 부채는 상당했다. **런웨이**runway†가 몇 개월 남지 않은 상태에서 투자를 받으려고 안간힘을 썼지만, 번번이 실패했다. 결국 로켓은 대기권을 뚫지 못하고 공중에서 폭발하며 실패로 돌아갔다. 실패에도 박수를 치고 환호하며 다음의 성공을 위한 발판으로 삼았으면 좋았겠지만, 나는 일론 머스크가 아니고 우주항공 기업인 스페이스X가 아니었다. 인터넷이나 경영 서적에서만 보던 **데스 밸리**death valley, 일명 죽음의 계곡을 건너지 못한 채 비참한 죽음을 맞이한 것이다.

---

* 피벗이란 스타트업이 제품을 출시한 이후 시장의 반응을 확인하고 문제가 있을 시에 다른 사업 모델로 전환하는 것을 말한다.

† 런웨이란 보통 스타트업 신(scene)이나 생태계에서 생존 가능 기간을 뜻한다.

그렇게 모아두었던 돈을 모두 날리고 빚만 남았다. 사방에서 그럴 줄 알았다며, "말릴 때 멈췄어야지!", "창업해서 돈 날리고 고생만 했네"라는 식의 온갖 잔소리를 들었다.

수중에 돈도 없고 잔소리도 듣기 싫어 외출도 삼갈 때, 친구가 맛있는 것을 사주겠다고 불러 응원해주었다. 참고 있었던 눈물이 왈칵 쏟아졌다. 2015년 2월, 군산의 음식점에서였다. 추운 겨울날, 친구를 만나기 위해 서울에서 군산까지 고속버스를 타고 내려갔다. 다소 이른 시간인데도 대기표를 받아 기다린 끝에 마주한 음식은 6,500원짜리 맑은 뭇국이었다. 나는 이미 실패를 담담하게 받아들이고 부정적인 감정을 모두 털어냈다고 생각했다. 그런데 "괜찮아!"라는 친구의 말 한마디에 뭇국을 앞에 두고 하염없이 눈물을 흘렸다. 어쩌면 6,500원짜리 뭇국을 먹겠다고 들인 시간과 차비가 아까워 눈물을 흘렸는지도 모른다. 뭇국을 싫어했으니 오죽 억울했을까 싶다. 기억력도 좋지 않은데 아직도 그날을 잊지 못하는 탓은 그 때문이라고 애써 자기 최면을 걸곤 한다.

역설적이게도, 수중에 가진 것이 없으니 더 겁이 없어지고 용감해졌다. 빚만 남았지만, 미혼이라 부양해야 할 가족도 없었기에 무서울 것도 없었다. 말 그대로 악과 깡만 남은 것이다. 그래서 이번엔 주변의 반대와 만류를 뿌리치고 중국으로 향했다. 베이징에 위치한 초기 스타트업에 기획자로 취직한 것이다. 주변에서는 "이젠 하다 하다 중국까지 가니?" 하는 반응이었다.

필리핀에 갈 때는 영어 울렁증이 있었지만, 최소한 학교에서 오랜 시간 영어를 배웠기에 말 한마디 못 해 굶어 죽을 일은 없었다. 하지만 "니하오!"와 "츠판러마?" 등의 간단한 인사밖에 못 하는 중국어 실력으로 중국에 갔으니, 제정신이 아니라고 생각하는 게 오히려 당연했다.

빚을 빨리 갚고 재기하기 위해 캐나다 벌목공, 호주 탄광의 광부, 알래스카 원양어선의 선원까지 알아보고 있었는데, 중국 스타트업에서 많은 급여와 함께 기숙사까지 제공해준다고 하니 고민하거나 망설일 이유가 없었다. 필리핀에 갈 때보단 한결 가벼운 마음으로 베이징행 비행기에 몸을 실었다.

그러나 스타트업은 크게 성공할 확률은 낮고, 실패할 이유는 수십, 수백 가지다 보니 필리핀 회사도, 내가 창업한 회사도, 중국 회사도 모두 실패했다. 연달아 실패했지만, 그 선택을 후회하지는 않았다. 다양한 경험을 했고, 경험을 통해 많이 배우고 성장할 수 있었기 때문이다. 그래서 이후에도 여러 스타트업에 재직했다.

다시 중국에서 한국으로 돌아와 블록체인 회사로 이직해 **디앱**DApp*과 전자지갑, 암호화폐 거래소를 기획하며 마흔을 맞았다. 좋은 동료들과 함께 즐겁게 일했지만, 아쉽게도 제품과 업무가 개인의 가치관이나 직업윤리와 충돌하여 일에서 큰 보람이나 가치를 느끼진 못했다.

나는 프로필에 "나의 꿈과 목표는 열정 있는 동료들과 함께 재미있게 일하고, 가치 있는 서비스를 기획하여 사회에 이바지하며, 그 성공을 바탕으로 가슴 따뜻한 세상을 만드는 데 조금이나마 기여하는 것입니다"라고 적어두었다. 기획하는 제품이 사용자의 삶과 인생에 긍정적인 가치와 의미를 제공할 수 있다는 생각이 들어야 비로소 소명의식이나 사명감이 생기며 열정을 다해 일할 수 있다. 하지만 암호화폐 거래소가 오픈하자 회사는 돈만 좇기 시작했고, 이로 인해 다수의 피해자가 발생할 수밖에 없었다. 그래서 그 일에서 소명의식이나 사명감을 찾을 수 없었다.

---

* 디앱(decentralized application, DApp)은 탈중앙화 애플리케이션(분산 애플리케이션)의 약자로, 탈중앙화된 블록체인 플랫폼을 기반으로 작동하는 앱을 말한다.

퇴사한 후에는 성인 교육 플랫폼 스타트업과 중고등학생을 대상으로 하는 에듀테크 스타트업에서 일했다. 에듀테크는 교육이라는 도메인의 특성상 새로운 것을 시도하고 혁신을 추구하는 IT 서비스에 비해서는 여전히 느리고 보수적이다. 에듀테크에서 사용되는 IT 기술과 서비스는 교육 콘텐츠를 잘 활용하고 편하게 이용할 수 있게 돕는 그릇일 뿐이다. 그러나 IT 기술을 통해 새로운 것을 끊임없이 시도하고 적용해보고 싶었다. 그래서 보수적인 경영진이나 콘텐츠 기획자와 충돌이 잦았다. 그들을 설득하는 것은 매우 어려웠다. 그래서 일에서 재미나 흥미를 느끼지 못하고 성장도 어렵다 보니 들고나는 사람이 많았다.

사실 경영진이나 콘텐츠 기획자만의 잘못은 아니었다. 국내 교육 시스템과 환경의 문제였다. 그러면서 '부동산과 교육이 한국 사회를 망치고 있다'고 여길 정도로 국내 교육 환경을 비판적으로 바라보았다.

최근에는 대기업 자회사에서 헬스케어 서비스를 기획했다. 기업의 미션과 사명, 제품의 가치에 공감하며 이직을 결정했는데, 2년도 채 지나지 않아 성과가 좋지 않다며 프로젝트가 중단되었고, 구조조정으로 권고사직했다. 작은 스타트업도 근시안적으로 사업을 하지 않는데, 리소스가 풍부한 대기업 자회사가 더 실망스럽게 조직을 운영하는 것 같았다. 선배들이 경고하고 만류하는 데는 다 그럴 만한 이유가 있었다. 내가 겸손하지 못하고 너무 오만했음을 깨달았다.

이렇게 지난 19년 동안의 직장 생활을 통해 얻은 배움과 교훈을 바탕으로, 스타트업 창업자나 구성원이 실패나 실수를 줄이고, 더 즐겁고 행복하게 일하며, 함께 성장하고 성공을 경험할 수 있기를 바라는 마음으로 이 책을 집필하게 되었다.

국내외 14개 IT 회사에서 서비스 기획자, 프로덕트 매니저, 프로덕트 오너로 일하며 쌓은 경험과 실패를 통해 살펴보는 스타트업 실무자들을 위한 '플레이북'이자 청년 세대와 그들과 함께 일해야 하는 기성세대 관리자들을 위한 직장 생활 노하우가 담겨 있다. 요즘 전통적인 기업에서는 IT를 도입하지 않으면 경쟁력이 떨어지므로 **디지털 트랜스포메이션** digital transformation, DT 프로젝트를 진행하며 IT 인력을 적극 채용하지만, 많은 프로젝트가 실패로 끝난다.

이 책이 IT 프로젝트와 구성원에 대한 이해를 높이고, 성공적인 DT를 이끄는 데 조금이나마 도움이 되길 바란다. 그리고 스타트업에서 최고의 인재가 되고 싶거나 성공하는 팀, 위대한 제품, 일하고 싶은 기업을 만들고 싶은 독자에게 조금이나마 도움이 되는 가이드북이 되었으면 한다.

학생 때만 해도 암기나 기억력에 자신 있어서 법학과 행정학을 전공했다. 그런데 나이를 먹은 탓인지, 아니면 서비스 기획자로 일하며 과거보다는 현재에 집중하고 미래만 계획하며 살아서 그런지 기억력이 갈수록 나빠졌다. 가끔은 어제 일도 기억이 나지 않았고, 나빠진 기억력을 메꾸기 위해 기록에 집착했다. 그렇게 습관처럼 기록하며 메모나 블로그를 꾸준히 작성하다 보니 이 책을 집필하기까지 되었다. 역시나 잃는 게 있으면 얻는 것도 있는 게 세상의 이치인가 보다.

짧지 않은 19년이라는 직장 생활 동안 많은 일이 있었고, 크고 작은 성공과 실패를 여러 번 경험했다. 그러나 성공보다는 실패한 횟수가 더 많았다. 그래서인지 성공보다는 실패에서 더 많은 배움과 교훈을 얻었다. 그 경험을 기록해놓지 않았다면, 언제 그런 경험을 했는지조차 잊고 앞만 보며 정신없이 살았을 것이다. 그러나 이를 꼼꼼하게 기록해놓다 보니 꽤 오랜 시간이 지났는데도 다시 꺼내 보며 복기할 수 있었다.

그 기록을 들여다보는 일은 마치 책장 한편에 먼지가 수북이 쌓인 비밀

일기장을 꺼내 읽는 듯한 기분이었다. 그리고 많은 기록에서 세상에 대한 짜증과 화, 분노가 묻어 있었고, 때로는 지난 일을 후회하고 반성하며 자책하기도 했다. 만약 당시에 기록한 대로 감정을 고스란히 드러냈다면, 자칫 주변 사람에게 오해나 실수, 잘못을 많이 저질렀을 것이다. 그러나 세월이 한참 지나 감정이 바래고 미화된 지금은 담담하게 그때의 기록을 읽으며 배움과 교훈을 얻을 수 있었다. 그렇게 실패의 기록이 직장 생활의 노하우를 담은 참고서가 되었고, 혼자 보기엔 아까운 내용을 정리하여 이렇게 한 권의 책으로 집필하기로 했다.

나는 서비스 기획자로서 초기 스타트업에서 대기업까지 다양한 규모의 회사에서 일했고, 국내뿐 아니라 중국과 필리핀에서도 일한 경험이 있다. 커뮤니티, 소셜미디어, 전자상거래, O2O, 광고 마케팅 솔루션, 암호화폐 거래소, 전자지갑, 디앱, 에듀테크, 헬스케어 등 다양한 도메인에서 다수의 서비스와 플랫폼을 기획하고 론칭했다.

성공의 기준은 사람마다 다르겠지만, 제품의 성과가 좋지 못하거나 창업했다가 3년 만에 실패로 끝나는 등 성공보다는 실패한 경험이 많았다. 물론 대기업에 그냥 다녔다면, 이렇게 많은 실패를 경험하지 않았을 것이다. 하지만 여러 스타트업에서 신규 서비스를 기획하며 끊임없이 도전하고 부딪히다 보니 많은 실패를 겪을 수밖에 없었다.

가끔은 주변 사람들이 "왜 사서 고생하니?", "도전하고 실패하는 것이 두렵거나 힘들지 않아?"라고 묻는다. 그러나 어찌 된 영문인지 나는 매일 똑같이 반복되는 삶은 지겹고 지루하다. 새롭게 도전하거나 시도하지 않으면 재미나 흥미를 느끼지 못한다. 그래서 대기업에서 쳇바퀴 돌듯 똑같은 업무를 하거나 시킨 업무만 하는 것은 지루하고 재미가 없었다. 고생스럽더라도 스타트업에서 주도적으로 할 일을 찾아가며 도전하고 부딪히며 새로운 경험을 하는 것이 즐겁고 가슴이 뛴다.

그렇다고 해서 도전하고 실패하는 것이 두렵거나 힘들지 않다고 하면 거짓말일 것이다. 하지만 실패하더라도 도전을 통해 배우고 성장한다면 인생을 가치 있게 살아가는 것이라고 믿는다.

마지막으로, 이 책은 지난 직장 생활에 대한 나의 회고록이자 반성문이다. 이 지면을 빌려 지난 19년간 함께 일했던 모든 동료에게 진심으로 감사를 드리며, 누군가에겐 사죄의 마음도 함께 전하고 싶다.

세균무기

PART 1

최고의 인재

1

성장에 무관심한 회사

"재능이 뛰어난 A급 인재는 일반인보다 50~100배의 성과를 낸다."

- **스티브 잡스,** 애플의 전 CEO

이직을 자주 하다 보니 기업들의 구인 공고를 많이 본다. 회사마다 인재상을 적어놓는데, 대다수 기업에서 요구하는 인재상은 비슷하다. 굳이 언급하지 않더라도 예상이 갈 정도라서, 인재상을 왜 적어놓나 싶을 때도 있다. 한편 다른 회사와는 차별화되거나 재치 있는 인재상을 보면, 그 회사에 관심이 가고 호기심이 생기며 구인 공고를 꼼꼼하게 살펴본다.

인재상이 어쨌든 간에, 모든 회사는 인재를 채용하고 싶어 한다. 그리고 직원의 성장을 위해 노력하고 있다며, 도서 구입비나 컨퍼런스·세미나 참가비 등을 지원한다고 내세운다. 언뜻 보면 모든 회사가 인재를 채용하고 육성하며, 회사와 임직원이 함께 성장하기를 기대하고 원하는 것처럼 보인다.

그러나 여러 회사를 다녀보니 사내 교육팀이나 인재 개발원을 별도로 둔 대기업이나 중견기업이 아니라면, 대다수 기업은 직원의 교육 훈련이나 성장에는 그다지 관심이 없다. 그러니 정말로 인재를 육성하려는 기업은 찾아보기 어렵다.

기업 교육의 실종과 사교육 열풍

인재사관학교의 소멸

불과 10여 년 전만 하더라도, 인재를 육성하고 배출한다는 '인재사관학교'라는 표현을 주변에서 흔히 보고 들을 수 있었다. 그리고 인재사관학교의 역할을 담당하며 많은 인재를 육성하고 배출한 회사들은 인재 유출에 대한 고충을 토로하면서도, 이를 광고나 마케팅의 소재로 활용하기도 했다. 또한 인재사관학교 역할을 하는 회사에 재직한 사람들은 그 경력을 자랑하곤 했다. 삼성, IBM, 네이버, 옥션 등 해당 도메인에서 1, 2위를 차지하며 누구나 알 만한 회사였으니 자랑할 만도 했다.

2009년 11월에 KT를 통해 국내 최초로 아이폰이 출시되면서 스마트폰이 빠르게 보급되기 시작했다. 그리고 규모가 작고 리소스도 부족한 스타트업이 우후죽순 등장했다. 이들은 간단한 계산기, 카메라, 게임 앱 등을 앱 스토어App Store에 출시하면서 큰 성공을 거두었고, 이를 지켜본 수많은 개발자가 회사를 떠나 창업하기 시작했다. 바야흐로 스타트업 전성시대가 열린 것이다.

▲ 2006년 4월에 출간된 《대한민국 인재사관학교》

앱 스토어가 등장하기 전까지는 웹사이트를 통해 서비스를 제공해야 했다. 그런데 이미 웹에는 여러 경쟁사와 서비스가 진출해 있었고, 넓은 화면에서 경쟁력 있는 서비스를 제공하기 위해 많은 리소스가 필요했다. 그러나 앱 스토어는 출시한 지 얼마 되지 않아 경쟁이 치열하지 않았다. 그리고 한국어라는 언어적 장벽 때문에 웹사이트에서 제공하던 익숙한 서비스조차 앱 스토어에는 없었다. 스마트폰이라는 이동형 단말기에 특화된 새로운 서비스도 등장했다. 앱 스토어는 스타트업에는 기회의 땅이었다.

이는 19세기 말 미국의 골드러시gold rush를 떠올리게 한다. 유럽에서 신대륙으로 이주한 이주민들은 동부 해안을 중심으로 터를 잡았다. 미국인들은 영국에서 독립하기 위해 넓은 땅과 많은 인구가 필요하다고 생각했다. 그래서 이민자들에게 서부의 땅을 저렴한 값에 나눠주며 유럽 일대에 아메리칸드림American dream을 퍼뜨렸다. 마침 서부에서 많은 금광이 발견되면서 수많은 이주민이 금을 찾아 동부에서 서부로 이주하며 골드러시가 시작됐고, 서부개척시대는 전성기를 맞이했다. 정부의 주도하에 일확천금을 꿈꾼 수많은 이주민이 금을 찾아 마차에 몸을 싣고 약탈과 살인이 난무하는 약육강식의 무법천지, 서부로 향한 것이다.

2010년대 초에 스타트업이 앱 스토어에 뛰어드는 모습은 정부 주도하에 서부로 골드러시를 떠난 개척자들의 모습을 떠올리게 했다. 박근혜 정부는 스타트업을 육성하여 경제를 활성화하겠다는 '창조경제'라는 경제정책을 내세웠고, 이에 힘입어 많은 정부 지원금과 투자금이 스타트업에 몰렸다. 그리고 "돈이 있는 곳에 사람이 모인다"라는 말처럼 수많은 사람이 창업에 뛰어들었다. 그러나 서부개척시대에 마차에 몸을 싣고 대륙을 횡단한 개척자만큼이나 스타트업 또한 현실은 열악했고 참담했다. 대다수 스타트업은 규모도 작고 리소스도 부족했기 때문에 죽음의 계곡을 넘지 못하고 실패를 경험했다.

지난 10년 동안 스타트업 생태계에서 '인재사관학교'라는 표현은 금기시되었다. 그렇게 스타트업은 과거에는 상식처럼 여겼던 기업의 사회적 역할과 책임인 교육 훈련의 기능을 상실했다. '교육 훈련'이 '종신고용'이란 단어처럼 과거의 유물이 되어버린 것이다.

물론 나도 스타트업을 창업한 적이 있고 다수의 스타트업에 재직했기 때문에 스타트업의 상황을 이해 못 하는 것은 아니다. 매일 살얼음판을 걸으며 생존을 걱정해야 하는 스타트업이 직원의 교육 훈련에 투자할 만큼 풍부한 리소스를 가지고 있지는 못하기 때문이다. 그렇다고 사내 리소스를 활용해 교육하자니 장소나 시간도 부족하고, 교육할 수 있는 역량을 가진 사람도 드물다. 그래서 도서 구입비나 외부 교육 등을 지원하는 식으로 교육 훈련을 대신할 수밖에 없다는 현실도 충분히 이해된다.

이조차도 이런저런 제한을 걸어 제대로 이용하지 못하게 하는 곳도 있다. 하지만 기업의 사회적 역할과 책임인 교육 훈련을 비교적 저렴한 비용으로 대체하면서, 이를 사내 복지라고 포장하며 생색내지는 않았으면 한다. 그렇게 직원들은 좋은 시설과 교육 훈련 프로그램을 갖춘 기업에서 성장하는 경쟁자들에 비해 시간이 지날수록 뒤처진다.

대다수 스타트업은 실패하고 망하므로, 평생직장이나 종신고용이라는 개념이 사라진 스타트업에서는 직원의 교육 훈련에 많은 비용을 투자하기보다는 다른 회사에서 경험과 역량을 쌓은 경력직을 채용하는 것이 효율적인 선택이다. 경력직 선호 현상이 갈수록 높아지는 이유다. 그렇게 스타트업은 교육 훈련의 기능을 잃고 경력직 채용에만 공을 들인다.

동일한 IT 산업이라고 해도 회사마다 문화나 일하는 방식, 도구, 프레임워크 등이 다를 수밖에 없다. 그러므로 신규 채용한 인력이 이에 익숙해져서 제 실력을 발휘하려면 시간이 필요하다. 스타트업에서 신규 채용한 인력에 대한 **온보딩**onboarding*이 중요해지고 있다. 하지만 IT 업계는 이직이 잦고, 온보딩에도 리소스를 투입해야 한다. 그러니 전반적인 업무 생산성이 높아질지는 의문이다.

* 온보딩이란, 새로운 구성원이 조직의 문화, 시스템, 업무 등에 빠르게 적응하고 자신의 역할을 성공적으로 수행할 수 있도록 돕는 과정을 말한다. 이 과정을 통해 새로운 구성원의 조직에 대한 만족도를 높이고 이직률을 낮출 수 있다.

게다가 실력 있는 경력자를 채용하자니 요구하는 급여나 조건이 부담스러워서 채용을 망설이거나 포기할 수밖에 없다. 그 차선책으로 경력은 있는데 급여는 신입 수준인 중고 신입이나 실무 경험을 가진 신입을 채용하려고 한다. 그런데 과연 회사에서 요구하는 수준의 실무 경험을 갖출 수 있을까?

그 결과, 청년들은 실무 경험을 쌓기 위해 휴학 기간이나 방학 동안 인턴십에 지원하여 회사의 온갖 잡무를 도맡아 하는 경우가 많다. 여러 회사에서 인턴을 채용하기 위해 이력서를 받거나 면접을 보다 보면 깜짝 놀란다. 서울 상위권 대학에 재학 중인데 휴학하거나 졸업을 유예하면서까지 여러 곳에서 인턴십을 하는 청년들이 많기 때문이다. 최소 3개 이상의 인턴십 경험이 있어야 한다는 이야기가 돌 정도다. 그러니 이력서에 인턴십 몇 줄을 쓰기 위해 얼마나 많은 시간과 노력을 들였을까?

그렇게 애써 들어간 인턴십에서 실무 경험을 쌓기는커녕 문서 작성이나 수발 등 단순 업무만 한다. 기업 입장에서는 저렴한 비용으로 잡무를 맡길 수 있으니 좋고, 정부에서 청년 인턴 채용 시 세금으로 인건비를 지원해주기까지 하니 인턴을 채용하지 않을 이유가 없다.

직무 교육에 부는 사교육 열풍

청년들은 취업을 위해 기업이 요구하는 실무 경험을 쌓는답시고 여러 인턴십을 경험하며 졸업과 취업이 늦어진다. 그러다 보니 신입사원들의 평균 연령이 갈수록 높아진다. 청년들은 결혼을 하고 싶어도 모은 돈이 없어 결혼을 늦추거나 포기한다. 그리고 이는 인구 소멸을 앞당기는 데 한 못한다. 게다가 중고등 교육에서 불던 사교육 열풍이 직무 교육에까지 확산되었다. 사내 교육이나 외부 위탁 교육을 통해 인재를 육성하는 것은 대기업에서나 가능한데, 이 역할을 사교육 시장이 대신하게 된 것이다. 패스트캠퍼스, 스파르타코딩클럽, 인프런, 코드잇, 탈잉, 클래스101 등 다양한 형태의 직무 교육 기관이 등장했고, 코로나19로 비대면 IT 산업이 빠르게 성장하면서 IT 직군의 높은 수요와 맞물려 사교육 시장이 폭발적으로 성장했다.

그런데 직무 교육 기관이 신규 채용된 인력이나 임직원의 부족한 직무 역량을 높이기보다는, 구직자들이 취업 전에 실무 역량을 쌓는 데 주로 활용된다. 취업준비생들은 이미 비싼 학비를 지불하고 대학을 졸업하고도 부트캠프 등의 커리큘럼에 또다시 비용을 지불한다. 실무 경험과 역량을 쌓기 위해 시간과 노력을 들여 이력서에 인턴십 몇 줄을 추가한 것도 모자라, 비용과 시간까지 들여 직무 교육까지 받는 것이다. 지방대를 나와 직무 교육 한 번 받지 않고 2번의 인턴십 경험을 가지고 졸업 전에 취업한 나로서는 이들의 취업을 위한 노력과 고군분투를 듣고 있으면 동시대에 태어나지 않은 것에 안도하는 동시에 숙연해진다.

그런데 최근 직무 교육 기관이나 부트캠프 등과 관련하여 여러 문제가 발생하고 있다. 코로나 시대가 끝나고 양적 긴축으로 인해 경기 침체를 겪고 있는 데다 인공지능의 발전으로 인해 업무 효율성이 증가하며 신규 채용은 줄고 현직조차 구조조정으로 권고사직을 당한다. 이런 상황에 직무 교육 기관에서 무분별한 경쟁과 마케팅으로 수료자를 대량으로 배출했으니 취업률이 좋을 수 없다.

게다가 검증되지 않은 강사진, 직무 역량을 쌓기 어려운 부실한 커리큘럼, 운영상의 관리 부실 등으로 인해 기업이나 현직 사이에서도 교육기관에서 발급한 수료증만 가지고 직무 역량을 인정하기는 어렵다고 말한다. 그리고 '학원 출신'이라며 낮춰 본다. 취업을 꿈꾸고 희망하며 시간을 쏟아붓고 비싼 수강료까지 지불했는데, 수료증은 인정을 못 받는다고 하고 취업은 안 되니 억울하고 화가 날 만도 하다. 그렇게 사회적 약자인 청년들이 기업 교육의 실종과 사교육 열풍의 최대 피해자가 되었다.

이러한 문제에 관심을 가지고 해결하기 위해 몇몇 IT 기업이 노력하기도 했다. 2013년 초에 네이버가 설립한 비인가 소프트웨어 아카데미인 'NHN NEXT'는 당시 한 해 영업이익만 약 2,000억 원을 벌어들이는 국내에서 가장 성공한 IT 기업이 사회 환원을 위해 노력한 좋은 시도였다고 생각한다. 그러나 사회의 큰 관심과 기대에도 불구하고 고작 2년밖에 운영되지 않고 해체되면서 IT 기업이 설립한 교육기관과 관련한 좋지 않은 선례를 남겼다는 점에서 최악의 결과였다. NHN NEXT에 입학하기 위해 대학 입학을 포기하거나 회사를 퇴사하면서까지 지원한다는 이야기가 나올 정도로 사회적으로 많은 관심과 기대를 받았는데, 졸속으로 해체하며 사회적 기대와 신뢰를 저버렸기 때문이다.

최근에는 우아한형제들이 운영하는 개발자 교육 프로그램인 '우아한테크코스'가 NHN NEXT의 명맥을 이어받아 좋은 결실을 맺어가고 있다. 그러나 2년간의 교육과정을 이수해야 했던 NHN NEXT와 비교해 10개월이라는 비교적 짧은 교육 기간으로 인해 사설 교육 기관에서 운영하는 부트캠프 수준을 크게 벗어나지 못하고 있다.

▲ 우아한형제들이 운영하는 개발자 교육 프로그램인 '우아한테크코스' 모집 포스터

이미 여러 대학교와 사설 교육기관에서 기초 역량을 갖춘 많은 인력들을 배출하고 있다. 따라서 우아한테크코스는 대학교와 산학 협력을 통해 실무·실습 중심의 커리큘럼을 공동 개발하고 이를 통해 실무 역량을 끌어올리는 편이 낫지 않았을까 싶다. 그래야 청년들이 대학 생활을 알차게 보내는 동시에 사회 진출을 앞당길 수 있기 때문이다. 또한 개발자 교육 프로그램만 운영하고 있는데, 기획과 디자인, 데이터 직군 등의 교육 과정도 개설하여 프로젝트 중심의 실무·실습 교육을 같이 했으면 좋았을 텐데, 여러모로 아쉬움이 남는다.

이 외에도 애플과 포스텍이 제휴하여 운영 중인 '애플 디벨로퍼 아카데미 @포스텍'은 만 19세 이상이라면 전공이나 학력, 경력에 관계없이 누구나 지원이 가능하며, 9개월간 전액 무료로 진행되는 것은 물론 매달 100만 원의 장학금까지 제공해서 높은 지원율을 기록하고 있다. 다만 포항에 있는 포스텍 기숙사에서 생활해야 한다는 지리적 제약이 있다.

바늘구멍 뚫기보다 어렵다는 대기업 취업은 안 되고 스타트업은 실무 역량을 요구하며 경력직을 선호하다 보니, 취업을 포기하고 그냥 쉬는 청년만 50만 명에 달하는 희망 없는 사회가 되었다.* 어디 하나 기댈 곳 없는 청년들이 유튜버를 꿈꾸고, 인터넷에 올라오는 무자본 창업이라는 비정규직 단기 알바에 가까운 부수입 콘텐츠를 기웃거리거나, 코인이나 주식 등으로 일확천금을 노리는 행태를 그들의 잘못이나 노력이 부족한 결과라고 비난하기에는 사회와 기성세대의 잘못이 너무 큰 것 같다.

생존을 걱정해야 하는 약육강식, 각자도생의 시대에 스타트업뿐만 아니라 그 누구도 사회적 약자인 청년들의 실업 문제나 교육 훈련에 관심을 가지거나 신경 쓰지 않는다. 단지 정부의 포퓰리즘을 위한 대상이며, 언론과 미디어의 기삿거리에 지나지 않는다. 초고령화 사회에서 청년들의 투표수가 고령자들보다 적어지다 보니 정치와 정책이 고령자 중심으로 움직인다. 부동산 정책이나 국민연금 개정안만 놓고 봐도 사회와 기성세대가 청년들과 후세를 어떻게 바라보는지 알 수 있다. 오직 자신의 부를 위한 착취의 대상일 뿐이다. 청년들은 하루빨리 해외로 탈출하거나, 청년층을 위해 노력할 수 있도록 그나마 청년들이 주 소비자 집단으로서

* https://www.mk.co.kr/news/society/11262391

영향력을 행사하거나 압박할 수 있는 IT 기업에 소비자 주권을 행사해야 한다. 그런데 청년들도 게임이나 연예에만 관심을 가지고 목소리를 낼 뿐이지, 정작 중요한 사안에는 소극적이라는 문제가 있다.

직원의 성장에 관심 없는 조직

불과 10여 년 전만 하더라도 위계질서를 가진 수직적인 조직 구조와 팀 중심의 조직문화 때문인지 연공서열에 기반해 승진했다. 한편으로 고과 및 성과급 지급을 위한 조직 평가 항목에 역량 개발이나 교육 훈련과 관련된 내용도 있었다. 따라서 상사는 팀원이나 부하 직원의 성장을 위해 교육 훈련에 힘써야 했다.

그리고 개인 평가 항목에는 성장을 위해 어떠한 노력을 했고, 그 결과는 무엇인지 적어내는 영역이 있었다. 그래서 자주 야근하면서도 외부 교육을 수강하거나 주말에 시간을 내 인증 시험을 치르고 자격증을 따는 등의 노력을 하는 부지런한 동료도 있었다. 나는 매일 반복되는 야근과 주말 근무로 인해 평가 시즌마다 적어 낼 것이 없어 스트레스를 받곤 했다.

팀 목표 항목	평가 가중치 (B)	CSF (핵심 성공 요인)	KPI (핵심 성과 지표)	정량 정성 구분	팀 달성도 평가 측정 기준	팀 평가 결과					
						자기평가 달성도	1차평가 달성도	2차평가 달성도	확정 달성도 (A)	평가가중치 (B)	점수 (AXB)
역량 강화	4	직무 관련 교육	내부 세미나/대외 교육 참여	정량	전원 세미나 진행 및 대외 교육참여 횟수 100 : 연간 전원 6회 이상 90 : 4회 80 : 2회 60 : 없음						
	7	사업 특허	팀내 특허 진행	정량	100 : 연간 5건 이상 90 : 연간 4건 80 : 연간 3건 70 : 연간 2건 60 : 연간 1건						
	4	핵심 인재 양성	핵심 인재 비율	정성	부서장 판단으로 점수 부여						
합 계	15	-	-	-	-	-	-	-	-	100%	

▲ 2009년도에 재직했던 회사의 MBO(Management By Objective) 카드 중 역량 강화 평가 항목

굳이 10년 전으로 거슬러 올라갈 필요도 없다. 주변의 공무원이나 대기업에 재직 중인 친구들만 보더라도 주기적으로 연수를 받거나 시험을 치른다. 그래서 이들을 만나면 온갖 불평불만을 듣는다. 40대 중반의 나이에 하루 종일 의자에 앉아 졸린 눈을 비벼가며 강의를 듣거나 침침한 눈으로 시험공부를 해야 하니, 그 불평과 불만이 충분히 이해는 된다. 한편으로는 평소 만나기 쉽지 않은 유명 강사를 섭외하고 숙식비와 교통비까지 지원해가면서 직원의 교육 훈련과 성장을 지원해주는 기업 문화와 리소스는 부러울 따름이다.

> "좋은 인재는 태어나는 것이 아니라 만들어지는 것이다."
>
> **- 존 듀이,** 미국의 철학자이자 교육자

그러나 스타트업은 직원의 교육 훈련이나 성장에 관심이 없는 경우가 많다. 이는 인사 평가 방식이나 항목만 봐도 알 수 있다. 업무 성과뿐만 아니라 역량 개발 및 성장을 위한 개인의 노력이나 사내 교육, 지식 공유 등과 같이 동료의 성장에 기여해도 적절한 평가와 보상이 이루어져야 하는데, 평가 방식이나 항목에서 그런 것을 고려한 부분을 찾아볼 수 없다. 여러 스타트업이 적용하는 **OKR**objectives and key results* 평가 방식을 보더라도 가입자수나 매출, 영업이익 등 회사와 제품의 성장과 성공에만 초점을 맞추지, 직원의 성장에 대한 고려는 없다. 그래서 스타트업에서

* OKR은 구글에서 개발하여 1999년부터 사용하고 있는 목표 설정 및 관리 프레임워크로 objective는 달성하고자 하는 목표를 뜻하고, key result는 목표를 달성했는지 알 수 있는 측정 가능한 핵심 결과를 의미한다. OKR은 기업의 미션과 전략을 달성하기 위해 팀과 개인이 달성해야 할 목표를 분기별로 설정하고, 그 목표를 달성하기 위한 핵심 결과를 도출하여 팀과 구성원이 공통의 목표를 가지고 일하고, 그 성과를 측정하고 관리할 수 있도록 돕는다. OKR과 관련하여 자세한 내용은 '2부 성공하는 팀'에서 다룰 것이다.

개인은 업무를 통해 부딪히며 배우거나 개인의 노력에 의존하여 발전하고 성장할 수밖에 없다. 그 결과, 개인에 따라 누군가는 성장이 빠르고 누구는 느려져서 편차가 발생한다. 이는 장기적으로 조직에 여러 문제를 일으켜 기업 경쟁력을 떨어뜨린다.

그래서 스타트업은 도서 구입비나 외부 교육, 컨퍼런스 참가 비용 등을 지원하며 직원 교육에 힘쓰고 있다고 이야기한다. 하지만 이는 교육 훈련으로서 실제 효과가 크지 않다. 직원들은 한 달에 책 한 권 읽지 않으며, 외부 교육이나 컨퍼런스에 참가하려면 자리를 비워야 해서 회사와 동료의 눈치를 보느라 가지 못한다. 때로는 눈치 없이 자주 사용하거나 이를 악용하는 사람들 때문에 그 횟수를 제한해서 적극적으로 활용하지 못하는 경우도 있다.

내가 재직했던 모든 회사에서는 도서 구입비를 지원했다. 그러나 많은 회사에서 업무상 필요한 책만 구매하도록 제한했고, 책을 구매하기 위해서는 기안을 올리고 비용을 청구하는 등 그 과정과 절차가 매우 귀찮고 번거로웠다. 따라서 별도의 기안이나 비용 청구 없이도 책을 쉽게 구매해서 읽을 수 있도록 전자책 단말기를 구비하고 담당자를 정해 매달 일정 금액을 충전해줬으면 좋겠다고 수차례 제안했으나, 이를 받아들여 준 회사는 단 한 곳도 없었다. 그래서 나는 회사의 지원을 받지 않고 자비로 전자책을 구매해 읽었다. 이런 회사에서는 전체 임직원의 월평균 독서량이 한 권도 채 안 될 것이다. 우리나라 19세 이상 성인들의 월평균 독서량이 한 권도 안 되기 때문에 아무런 제약 없이 독서를 권장해도 고작 한 권이나 읽을까 싶다. 그런데 그 과정이 불편하고 귀찮다면, 누가

책을 읽겠는가? 독서를 많이 한 임직원에게 상품권을 지급한다는 이벤트를 진행해도 전체 임직원의 월평균 독서량이 두 권이 안 되는 것이 현실이다.

외부 교육이나 컨퍼런스, 세미나 참가 지원도 마찬가지다. 기안을 올리거나 비용을 청구하기도 귀찮고 번거로운 데다 참가 횟수나 비용 등의 제한도 까다롭다. 게다가 몇몇 회사에서는 참가한 후에 내용을 정리해서 발표하거나 공유해야 한다고 하니 그냥 안 가고 만다.

물론 내용을 정리해서 발표하거나 공유하도록 요구하는 이유를 이해 못 하는 것은 아니다. 시간과 비용을 들여 교육이나 컨퍼런스에 참여했으니, 열심히 듣고 배운 것이 있다면 동료들에게 공유하며 구성원이 함께 성장하기를 기대하는 것이다. 그러나 이는 필수가 아닌 개인의 선택이어야 한다. 기업의 사회적 역할과 책임인 교육 훈련의 목적과 동료의 성장을 위한 개인의 노력은 구분할 필요가 있다. 그래서 애써 자료를 만들어 발표하거나 공유했다면, 동료들의 성장에 기여한 것이므로 평가나 보상(이와 관련해서는 14장 레이드 방법론의 '레이드 조직의 평가와 보상'에서 자세히 다루도록 하겠다)에 반영해야 한다. 그리고 회사 비용으로 참여한 교육 외에도 구성원들이 지식이나 배움을 적극적으로 발표하고 공유할 수 있도록 제도와 문화를 만들어 유도해야 한다. 그러면 개인은 공부해서 역량을 강화하고, 회사는 지식과 배움이 자유롭게 공유되고 흐르며 구성원이 함께 성장하는 조직을 만들 수 있다.

그리고 사내에서 직원이 성장하기가 어렵다면, 외부 활동을 통해서라도 배우고 성장할 수 있는 기회를 제공해야 한다. 그러나 여전히 외부 활동을 부정적으로 생각하거나 금지하는 회사나 매니저가 많다. 물론 회사나 매니저 입장에서는 직원의 외부 활동의 목적을 파악할 필요가 있다. 직원들이 회사 업무를 따분하고 재미없어하거나 동기부여가 되지 않아 그 불만을 해소하기 위해 외부 활동을 하는 것인지, 아니면 회사에서 성장이 어려워 성장과 발전을 위해 외부 활동을 하는 것인지 파악해야 한다. 전자의 경우라면, 회사나 매니저가 직원의 불만을 해결해주기 위해 고민하고 노력해야 한다. 후자의 경우라면, 성장을 위해 외부 활동을 적극적으로 지원하고 권장해야 한다. 그러나 대개의 회사에서는 외부 활동이나 사이드 프로젝트를 하는 것을 겸업이나 이직을 위한 사전 활동으로 간주하며, 회사 업무에 집중하지 않는다는 이유로 금지하거나 퇴사를 권고한다.

공중파에서 '부캐'라는 게임 용어가 일상적으로 사용되고, 회사에서 일하는 모습을 브이로그vlog라며 찍어 유튜브에 올리는 시대다. 게다가 모두가 'N잡러'를 꿈꾸고 희망하는 시대에 시대의 변화를 역행하며 무조건 금지하고 제한한다고 이를 원천적으로 막을 수는 없다. 오히려 능력과 열정 있는 직원은 퇴사나 이직을 할 것이고, 누군가는 몰래 숨어서 하다가 문제가 발생해 조직에까지 불똥이 튈 수도 있다. 이를 허용하면서 개인과 조직에 모두 도움이 되는 방향으로 움직일 수 있도록 내규나 가이드를 갖추는 것이 나은 선택이다.

변변한 자원도 없이 전쟁으로 국토가 초토화된 나라가 한강의 기적을 만들며 역동적으로 경제 성장과 발전을 이룰 수 있었던 이유는 한국인의 역량과 근면 성실함 때문이었다. 기업이라면, 뛰어난 인재의 역량과 열정 때문이었다. 그러나 이 사실을 까맣게 잊은 것 같다. 사람의 중요성을 잃은 나라에 미래가 없듯, 인재의 중요성을 잃은 기업에도 미래는 없다.

2

AI 시대, 경쟁력을 잃어가는 한국

한국이 한때 'IT 강국, 코리아'라고 불리던 시절이 있었다. 1997년 12월에 발생한 IMF 외환위기를 극복하기 위해 새로운 국가 성장 동력을 찾던 김대중 정부는 IT 인프라와 산업을 집중적으로 육성했다. 그 결과, 한국은 세계에서 인터넷 속도가 가장 빠른 나라라고 자랑할 정도로 인터넷 강국이 되었다. 그리고 벤처 붐과 함께 IT 산업에 많은 자금이 몰리며 네이트온, 싸이월드, 지식인, 벅스뮤직 등의 다양한 IT 서비스가 등장했다. 이러한 성과 덕분에 한국은 전 세계에서 모범적인 정보화 사회로 진입한 국가로 인정받으며, 최첨단 IT 기술의 테스트베드 역할을 담당하기도 했다.

그러나 최근 4차 산업혁명이라는 AI 시대가 다가왔는데, 기술 경쟁에서도 뒤처지고 고급 인력도 부족해서 여전히 'IT 강국, 코리아'라고 불릴 수 있을지 의문이다.

IT 강국, 코리아

최근 인공지능과 사물인터넷, 빅데이터, 로봇 공학 등 정보통신 기술의 융합을 통한 기술 혁신으로 4차 산업혁명을 맞으면서 국내 IT 서비스는 경쟁력을 잃어가고 있다. 내부적으로는 인구 소멸과 초고령화 사회를 맞이하며 시장 경쟁력을 잃어가고 있고, 외부적으로는 원천 기술 개발과 AI 기술 경쟁에서도 뒤처지고 있다. 게다가 지난 20년간 여러 IT 서비스들이 글로벌 진출을 시도했으나 사실상 실패했다.

그런데 다시금 생각해보면, 과연 한국이 IT 강국이었던 적이 있었나 싶다. 좁은 국토 면적 덕분에 유선 인터넷 설치가 용이하여 인터넷 속도가 빨랐을 뿐, 무선통신인 5G는 대국민 사기극이었고 위성통신을 직접 서비스하는 기업도 없다. 게다가 IT 서비스나 플랫폼 등의 소프트웨어 영역에서는 강국이었던 적이 없다. 그나마 네이버가 고군분투 끝에 일본과 동남아에 진출하여 성공했을 뿐, 이를 제외하고는 해외 시장에서 크게 성공한 IT 서비스나 플랫폼을 선뜻 떠올리기 쉽지 않다. 최근 배달의민족도 일본과 베트남 사업을 철수하는 등 그야말로 해외 시장 진출은 도전과 실패의 역사였다고 해도 과언이 아니다. 오히려 해외 시장에서 K-POP이나 온라인 게임, 드라마, 웹툰 등의 성공을 보면, IT 강국보다는 콘텐츠 강국이라고 하는 편이 더 정확한 표현이지 않을까 싶다.

국내 IT 서비스는 'IT 갈라파고스'라고 할 정도로 ActiveX, 공인인증서 등의 각종 규제와 언어적 해자를 통해 작지만 폐쇄적인 내수 시장에서 경쟁하며 성장할 수 있었다. 그래서 네이버, 다음, 네이트 등의 로컬 서비스들이 국내 시장에서 1, 2위 자리를 놓고 치열하게 경쟁했다. 반면 글로벌 서비스들로선 한국 시장은 말 그대로 무덤이었다. 높은 규제 장벽을 넘지 못하고 철수하기 일쑤였기 때문이다. 그 결과, 네이버가 국내 검색 시장에서 오랜 기간 1위를 차지하며 가두리 양식장과 같은 검색 생태계를 만들어 국내 인터넷 생태계에 미친 악영향이 컸던 것도 사실이다. 그럼에도 불구하고 내수 시장에서 성장하여 해외 진출을 끊임없이 시도하고 결국 성공한 사례를 만들어낸 점은 인정해야 한다.

그러나 국내 시장에서 성장이 정체된 서비스들이 글로벌 진출을 시도하고, 글로벌 서비스들의 국내 시장 지배력과 영향력도 커지면서 ActiveX, 공인인증서 등의 규제가 하나둘씩 사라지기 시작했다. 또한 글로벌 서비스들이 한국어를 지원하기 시작하고 AI가 발전하면서 점차 언어적인 해자도 사라졌다. 게다가 해외여행이 일상화되고 어학연수나 유학을 다녀온 사람들이 많아지면서 서비스를 선택하고 이용하는 데 언어가 더 이상 걸림돌이 되지 않는다. 그래서 엄청난 기술력과 막대한 자금력을 가진 유튜브, 넷플릭스, 인스타그램 등의 글로벌 서비스들이 국내 서비스 이용 순위에서 상위권을 차지하고 있다. 따라서 규제 장벽은 낮아지고 언어적인 해자는 사라진 상황에서 국내 서비스들이 글로벌 서비스들과의 무한 경쟁에서 과연 살아남을 수 있을지 의문이다. 엄청난 기술력과 막대한 자금력이 필요한 AI 기술 경쟁의 시대에 과연 경쟁이 될까?

AI 시대에 기술 경쟁에서 뒤처지고 있는 국내 IT 서비스들이 기술력과 자금력으로 무장한 글로벌 서비스와의 무한 경쟁에서 그나마 우위를 차지하려면 한국어로 생성된 양질의 데이터를 확보해야 한다. 앞으로 글로벌 진출은 대량의 데이터를 통한 AI 모델 학습이 필요한 데다 데이터의 자유로운 이동이 국가와 기업의 안보와 보안에 위협이 될 수 있어 국가 간 규제 장벽이 높아질 것이므로 더욱 어렵고 힘들어질 것이다. 따라서 내수 시장에서의 경쟁력을 확보하기 위해서라도 네이버와 카카오와 같은 포털 기업들이 양질의 데이터를 쌓기 위해 꾸준히 노력했어야 한다.

그러나 한동안 **UCC**user created content의 육성을 소홀히 했다. 네이버와 다음이 검색 서비스를 처음 시작했을 때만 해도 검색에 필요한 한국어로 된 콘텐츠가 턱없이 부족했다. 그래서 저렴한 비용으로 많은 콘텐츠를 생성하기 위해 사용자의 참여와 공유를 유도하고 권장하며 UCC를 육성했다. 그 결과, 지식인, 카페, 블로그 등 **Web 2.0***이라는 다양한 사용자 참여형 서비스가 등장할 수 있었다. 그리고 사용자들로부터 대량의 콘텐츠를 저렴하게 공급받았다. 그러나 이러한 사용자 참여형 서비스들이 기업의 수익성에 크게 기여하지 못하고 돈 먹는 하마로 전락하자, 지원을 축소하고 방치했다. 몇몇 서비스는 종료되면서 오랫동안 사용자들이 쌓은 기록과 추억이 일시에 사라지기도 했다. 모두가 미래를 예측하고 준비할 수는 없다지만, AI 시대에 중요한 무기는 양질의 최신 데이터인데 포털의 전략이 결국 데이터의 부족과 노후화를 초래했다.

역사에 남을 만한 예술 작품이 아니라면, 대다수 콘텐츠는 시간이 지남에 따라 그 가치가 떨어지거나 사라진다. 그러니 10년 전에 지식인, 카페,

* Web 1.0은 기업이 제공하는 정보를 사용자가 단순히 보고 이용할 수 있는 웹 환경을 말하며, Web 2.0은 사용자가 직접 콘텐츠의 생성에 참여하고 공유하며 상호 작용할 수 있는 웹 환경을 이야기한다. 최근에 등장하고 있는 Web 3.0은 사용자가 생성한 데이터나 개인정보가 플랫폼에 종속되지 않고 데이터에 대한 주권이 사용자에게 주어지는 형태의 웹 환경을 말한다.

블로그 등에 쌓인 데이터 중 상당수는 현재와 미래의 사용자에게 아무런 가치를 제공하지 못할 수 있다. 따라서 AI 모델 개발을 위해서 그리고 AI 기술을 활용한 서비스를 사용자에게 제공하기 위해서는 양질의 최신 데이터가 필요하다.

최근 네이버와 카카오의 행보를 보면, 데이터의 중요성을 인식하고 빅데이터를 쌓기 위해 엄청난 비용을 투자하며 데이터 센터를 짓고 있다. 그리고 콘텐츠 확보를 위해 관련 서비스의 고도화 및 여러 크리에이터 지원 프로그램 등을 운영하며 콘텐츠 생성에 활기를 불어넣으려고 노력하고 있다. 이미 국내 사용자로부터 생성되는 콘텐츠의 상당수가 유튜버, 인스타그램, 틱톡, X 등 글로벌 서비스의 서버에 쌓이고 있다. 게다가 이미지와 영상 콘텐츠 등은 콘텐츠 관리 및 인프라 비용 때문인지 경쟁에 참여하지도 못하고 있다. 이미 **LLM**large language model을 기반으로 한 텍스트 중심의 대화형 AI에서 이미지와 영상 등을 함께 처리하는 **멀티 모달**multi modal AI로 빠르게 데이터 형식이 확장되고 있는데 이제야 데이터 센터를 증축하고 있으니 글로벌 기업과의 경쟁에서 한발 늦은 셈이다.

최근 글로벌 게임 스트리밍 플랫폼인 '트위치twitch'가 국내 통신사의 과도한 망 사용료 때문에 한국 시장에서 철수하자, 네이버가 '치지직Chzzk'이라는 비슷한 플랫폼을 론칭했다. 네이버는 트위치 구독이나 팔로 리스트 등을 치지직으로 쉽고 편하게 이관 처리하면서 트위치 사용자들을 최대한 흡수하기 위해 노력하고 있다. 이로써 네이버가 영상 기반의 AI 모델 개발과 서비스 제공을 위한 양질의 데이터를 확보할 수 있을 것으로 기대된다. 다만 치지직이 아직 초기 단계인 만큼 국내 시장으로 타깃을 제한하고 있다는 점은 아쉬운 부분이다.

언제나 그러했듯, 기술의 발전 속도는 우리가 예상한 것보다 빨랐다. 게다가 AI 관련 서비스나 소프트웨어는 사용자가 가입해서 사용해야 데이터가 엄청나게 쌓이며 그 성능이나 품질 또한 빠르게 발전하기 때문에 후발 주자가 선두 주자를 따라잡기가 어렵다. 과거 한국이 제조업에서 글로벌 성공 전략으로 내세우던 **패스트 팔로워**fast follower 전략이 IT 산업에서는 더 이상 통하지 않는다. 그래서 영상 기반의 실주행 데이터를 엄청나게 쌓아가고 있는 테슬라의 자율주행 소프트웨어, **FSD**full self driving의 경쟁자가 없다고 하는 이유다.

따라서 테슬라의 CEO인 일론 머스크가 앞서 등장한 OpenAI의 ChatGPT나 구글의 Gemini 등의 생성형 AI와 경쟁하면서 테슬라의 차량과 로봇에 대화형 AI를 빠르게 적용하기 위해서는 텍스트 데이터가 실시간으로 쌓이는 트위터를 인수할 수밖에 없었다고 생각한다. 신규 플랫폼을 만들어 고객을 유치하고 데이터를 쌓아가며 AI 모델을 개발하는 데는 비용을 떠나 많은 시간이 걸리기 때문이다. 그러면 경쟁사와의 간격은 더 멀어져서 따라가는 것조차 불가능할 수 있다.

안타깝게도 한국은 여러 도메인에서 서비스 주도권을 글로벌 기업에 빼앗기며 데이터 주권마저도 위협받고 있다. 데이터가 원석이나 석유와 같이 중요한 무형의 자원으로 취급되는 시대인데 그 자원을 무상으로 아무런 제약 없이 글로벌 기업에 제공하고 있기 때문이다. 그렇기에 지난 잘못을 비판하면서도 글로벌 시장에서 선전하고 있는 삼성, 현대, 네이버 등의 기업을 응원하는 것이다. 이러한 기업이 글로벌 시장에서 성공을 거두고 그 과정에서 축적한 기술과 데이터를 국내로 들여와야 국내 IT 기업들의 AI 경쟁력 강화와 함께 글로벌 진출도 가능하기 때문이다.

고급 인재를 육성할 수 없는 교육 시스템

고급 인력이 부족한 것도 큰 문제다. 특히 AI 인력의 경우에는 너무 부족한 나머지 급여 수준이 상상을 초월한다. 그럼에도 불구하고 많은 기업들이 필요한 AI 인력을 채우지 못하는 상황이다. AI 인력의 채용 공고를 살펴보면, 대다수 석박사급의 고급 인재를 찾는다. 그런데 석박사급의 고급 인재는 국내뿐만 아니라 해외에서도 좋은 조건으로 취업할 수 있는 기회가 많다 보니 대기업도 아닌 스타트업에서 AI 개발에 필요한 고급 인재를 채용하기란 쉽지 않다. 그래서 많은 스타트업이 AI 개발과 관련해서는 외국인 인력에 의존하거나 낮은 수준에 머무르고 있다.

따라서 교육 훈련을 통해 고급 인재를 육성해야 하는데, 앞서 이야기한 바와 같이 기업은 그 기능을 상실했다. 게다가 정규 교육은 고급 인재를 육성할 수 있는 교육 시스템이나 역량을 갖추고 있지 않다. 한국의 획일적인 주입식·암기식 교육으로는 AI 시대에 필요한 고급 인재를 육성하기 어렵다. 학교에서 시험을 치르는 데 필요한 지식은 인터넷 검색을 통해 누구나 쉽게 찾아볼 수 있는 내용이다. 웬만한 논리적 판단과 분석, 추론도 대화형 AI에 물어보면 쉽게 답을 구할 수 있는 시대가 되었다. 그러나 한국 사회의 교육은 여전히 대학 입시를 위한 주입식·암기식 교육에 멈춰 있다. 입시를 위한 중·고등학교뿐만 아니라, 고등 교육기관인 대학조차 주입식·암기식 교육을 벗어나지 못하고 있다는 것은 큰 문제다.

여전히 한국 사회의 교육은 과거 제조업 기반의 산업사회에서 필요한 지식과 역량을 교육하는 데 최적화되어 있다. 예컨대, 자동차를 생산하는 공장의 컨베이어벨트 앞에서 A와 B 두 사람이 함께 작업하고 있다고 하자. A는 숙련공으로 시간당 100대를 처리할 수 있지만, B는 시간당 50대밖에 처리하지 못한다. 그러면 이 공장의 시간당 자동차 생산량은 50대일 것이다. 그렇다 보니 과거 제조업에서는 제아무리 뛰어난 인재라도 급여의 차이가 클 수 없었다. 그런데도 숙련공인 A가 비숙련공인 B보다 급여를 더 많이 받을 수 있었던 이유는 A가 B를 교육 훈련시켜 생산량을 50대에서 60대로 끌어올릴 수 있었기 때문이다. 기업의 입장에서는 필요한 500명의 인력을 모두 숙련공으로 채용할 수 없다면, 소수의 숙련공을 통해 비숙련공을 교육 훈련시켜 전체 인력의 평균적인 역량을 끌어올리는 것이 효율적인 선택이었다. 따라서 특출난 천재를 육성하기보다는 획일적인 교육을 통해 평균적인 수준의 인력을 많이 배출하는 것이 국내 제조업 산업 기반에서 효율적인 교육이었다. 그리고 이런 교육 방식을 통해 제조업으로 한강의 기적을 만들 수 있었다.

그러나 서비스업 중심의 정보화 사회로 발전하면서 개인의 역량이 중요해지기 시작했다. 그리고 IT 산업이 주류 산업으로 성장하고 4차 산업혁명 시대를 맞이하며, 고급 인재가 더욱 중요한 시대가 되었다. 획일적인 주입식·암기식 교육을 통해 평범한 많은 인력을 배출하기보다는 소수의 천재와 고급 인재가 기술 개발과 혁신을 통해 기업뿐만 아니라 국가의 경쟁력과 미래까지 결정짓는 시대가 된 것이다. 그래서 정보화 사회로 진입한 선진국들의 주식 시장을 살펴보면, 소수의 IT 기업이 전체 시가총액의 상당량을 과점한다. 반면 해당 기업에서 일하고 있는 임직원 수는 시가총액을 차지하는 비중에 비해 매우 소수이고, 최근 AI 발전에 의해 그 수조차도 줄어들고 있다.

하지만 현행 교육 시스템과 제도로는 AI 시대에 필요한 고급 인재를 육성할 수 없다. 과거에 자동차나 통신, 원자력, 반도체 산업 경쟁력을 키우기 위해 기업과 대학교가 산학 협력을 통해 필요한 인재를 집중적으로 육성했듯이, 여러 성공한 IT 기업에서 대학교와 산학 협력을 통해 커리큘럼을 공동 개발하고 실제 프로젝트를 진행하며 실습·실무 중심의 교육으로 전환하여 미래 사회에 필요한 고급 인재를 육성해야 한다.

그런데 기업은 더 이상 대학 교육을 신뢰하지 않는 것 같다. 대학마다 컴퓨터공학과가 있는데도 기업이 직접 아카데미를 설립하거나 부트캠프 등의 사교육을 통해 단기간에 걸쳐 대학에서 배웠어야 할 기초 교육을 다시금 하고 있다. 그러나 단기간에 고급 인재를 육성할 수는 없다. 4년이라는 긴 시간을 활용하여 대학에서 고급 인재를 육성할 수 있도록 성공한 IT 기업이 산학 협력을 많이 해야 한다. 그리고 이러한 노력을 통해 청년들의 사회 진출을 앞당기며 인구 소멸을 막는 데도 조금이나마 기여할 수 있을 것이다.

AI 시대, 우리의 미래는?

최근 LLM 기반의 대화형 AI, 이미지와 영상에 활용되는 생성형 AI, 자율주행 AI 등의 발전을 보고 있으면, 가까운 미래에는 AI가 인간보다 잘하는 것이 무엇인지를 찾기보다는 인간이 AI보다 잘할 수 있는 것이 무엇인지 찾는 것이 더 빠를지도 모르겠다. 불과 몇 년 전만 하더라도 AI가 발전하면 단순 반복 업무가 먼저 사라질 것이라고 이야기했다. 그리고 인간은 단순 반복 업무에서 해방되어 창의적인 일에 집중할 수 있을 것이라고 했다. 나도 언론과 전문가의 말을 곧이곧대로 믿고, AI가 등장해 단순 반복 업무가 하루빨리 사라지길 바랐다. 그리고 영화 〈터미네이터〉나 〈매트릭스〉를 재미있게 보면서 인간과 기계가 전쟁하거나 기계가 인간을 지배하는 시나리오는 인간의 상상력이 만들어낸 기우라고 생각했다.

하지만 막상 AI가 글을 쓰고, 음악을 작곡하고, 그림을 그리고, 영상을 제작하며 창작을 하는 데다 몇 분 만에 대량 생성하는 것을 보고 있으면, 이제는 가볍게 웃어넘길 수가 없다. 창작을 어떻게 정의하는가에 따라 논란이 있을 수 있겠지만, 예술이 아닌 상업적인 수준의 창작이라면 이미 AI가 인간을 대체하기 시작했다. 예전의 조사에 따르면, AI 시대에 가장 먼저 사라질 직업으로 의사, 약사, 변호사, 회계사 등의 고소득 전문직군을 이야기했다. 하지만 AI의 발전과 성장 속도를 봤을 때 우리가 예상했던 것보다 훨씬 광범위한 직군에서 대체가 일어날 것으로 보인다. 게다가 아직은 소프트웨어의 발전 속도에 비해 하드웨어의 발전 속도가 더디기 때문에 체감하기 어렵겠지만, 하드웨어가 더 발전한다면 AI와

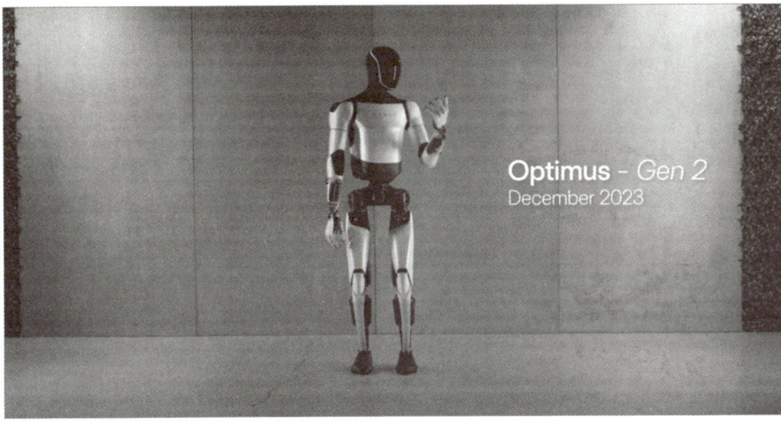

▲ 2023년 12월에 테슬라가 공개한 테슬라 봇, 옵티머스 2세대

로봇의 결합으로 인해 현실 세계의 단순 반복 업무뿐만 아니라 복잡한 노동도 로봇으로 대체할 날이 그리 멀지 않았다.

그러나 여전히 몇몇 전문가들은 AI가 아무리 발전하더라도 인간과 기계가 협력하면 했지, 일자리를 빼앗거나 인류의 생존을 위협하지는 않을 것이라고 이야기한다. 그들은 인간과 사회를 너무 긍정적이고 이상적으로만 바라보는 것이 아닌가 싶다. 물론 사람에 따라 누군가는 일자리를 빼앗기며 생존을 위협받을 것이고, 누군가는 그렇지 않을 수도 있다. 소수의 사람들은 AI를 활용해 막대한 부를 쌓을 것이고, 대다수는 일자리를 잃고 가난에서 벗어나지 못할 가능성이 높기 때문이다. 예컨대 테슬라의 자율주행 소프트웨어인 FSD가 대중화에 성공한다면 운수 및 물류, 배송에 근무하는 수많은 노동자가 일자리를 잃을 것이다. 또한 테슬라가 개발하고 있는 AI 로봇인 테슬라 봇이 상업화에 성공한다면 공장에서 일하고 있던 수많은 노동자가 짐을 싸서 집으로 돌아가야 할 것이다. 그리고 테슬라의 경영진과 소수의 직원만이 이를 통해 막대한 부를 쌓고 그 혜택을 누릴 가능성이 높다.

이렇게 일자리를 잃고 생존에 위협받는 사람들이 더 많을 수밖에 없는데도 전문가들은 AI에 일자리는 빼앗기지 않을 것이며 설령 그렇더라도 생산 혁신을 통해 더 많은 부가가치를 생산하며 풍요로운 시대를 맞이할 것이라고 이야기한다. 그리고 역사는 반복된다며 과거 산업혁명을 근거로 이야기한다. 그러나 현대 자본주의 사회에서 갈수록 심해지는 부의 불평등과 양극화 문제는 부의 재분배 기능이 사실상 제구실을 못하고 있음을 여실히 보여준다. 이러한 문제를 해결하기 위해 여러 국가에서 기본소득의 도입을 논의하고 테스트하고 있지만, 여전히 그 실효성에 대한 논란은 계속되고 있다.

그런데 한국의 상황은 더욱 심각하다. 합계출산율 0.6명을 기록하며 인구 소멸 위기와 함께 초고령화 사회를 맞이하고 있다. 그리고 고급 인력을 육성할 수 없는 교육 시스템과 함께 기업이 교육 훈련 기능을 상실하며 노동 생산성은 낮아지고 경쟁력은 잃어가고 있다. 이러한 상황에서 우리가 AI 시대에 그 혜택을 누릴 것이라고 어떻게 호언장담할 수 있을까?

인구 소멸과 초고령화 사회를 맞이하며 내수는 붕괴되고 국가 경쟁력을 잃어가고 있는 한국 사회가 이런 상황에 대응하기 위해서는 외국인 노동자를 적극적으로 받아들이며 내수 시장의 급속한 붕괴를 막으면서 고급 인재를 육성하여 인공지능과 로봇을 통한 생산 혁신을 일으켜 글로벌 경쟁력을 갖추어야 한다. 그러나 뉴스만 보더라도 과연 한국 사회가 변화에 성공할 수 있을지 의문이다. 여전히 다문화 가정과 외국인 노동자에 대한 편견과 거부감이 존재하여 외국인 노동자가 일하길 원하는 나라로서 순위가 계속 낮아지고 있고, 고급 인재를 육성할 수 있는 교육 시스템조차 갖추지 못했기 때문이다.

게다가 코로나 이후 보호무역주의가 부활하고 기술 경쟁이 심화되면서 글로벌 시대와 다자간 지역주의가 끝나고 국가 간에도 약육강식의 시대가 도래했다. 그래서 전 세계가 전쟁과 분쟁의 시대를 경험하고 있다. 그리고 국제 협력을 증진하고 세계 평화를 유지하기 위한 목적으로 설립된 국제기구인 UN은 더 이상 제 기능을 못하고 유명무실한 기구가 된 지 오래다. 그런데 국경 없는 인터넷상에서 발생하는 AI로 인한 위험과 문제는 다자간 협력과 논의와 함께 규제와 통제가 필요한데, 전 세계가 AI 기술 경쟁을 넘어 전쟁을 치르고 있는 상황에서 이를 효과적으로 규제하고 통제할 수 있을지 의문이다. 과거 냉전시대에 핵무기와 우주 패권을 놓고 미국과 소련이 치열하게 군비 경쟁을 벌였던 시대를 떠올려봐도 회의적일 수밖에 없다.

게다가 최근 OpenAI에서 발생한 샘 올트먼 대표의 해임과 복귀 사건만 보더라도 인류를 위해 안전한 AI를 만들고자 했던 회사의 미션이나 이사회의 노력보다는 투자자와 임직원의 자본주의 논리가 우선시되고 결국 자본의 힘이 승리한 결과였다. AI의 미래를 긍정적이고 희망적으로만 바라보는 사람들은 인간의 탐욕을 지나치게 간과하고 있는 것이 아닌가 싶다.

AI에 있어서는 전 세계가 링과 룰도 없이 앞만 보고 전력 질주하며 치열한 경쟁을 벌이고 있다. 이러한 상황에서 미래가 걱정된다며 잠시 멈춰서 뒤를 바라볼 여유는 없다. 한번 뒤처지는 순간 다시는 따라잡을 기회가 없을 것이기 때문이다. 따라서 우리도 이 경쟁에서 뒤처지지 않기 위해 사활을 걸고 전력을 다해야 한다. 이를 위해 국가의 미래 성장 동력으로서 AI 인프라와 산업을 집중적으로 육성해야 한다. 한편으로는 AI 시대에 발생할 사회적 문제를 연구하고 그 충격에 대비해야 한다. AI 시대에는 일자리 감소, 부의 양극화, 윤리적 문제 등 다양한 사회적 문제가 발생할 것이기 때문이다. 이에 대한 대비책을 준비하고 마련하지 않는다면, AI 기술을 통해 인류의 불편을 해결하고 편의를 증진시키기보다는 인류가 경험해보지 못한 큰 혼란과 문제가 발생할 것이다. 그러나 우리 사회는 AI 산업의 육성은 물론 사회적 문제에 대한 연구나 준비가 부족해 보인다. 국가의 미래가 달려 있는 이 중차대한 시기에 정치가 정쟁과 갈등만 조장하고 나라를 망치고만 있으니 안타까울 따름이다.

3

동기부여

나는 회사에 따라 서비스 기획자, 프로덕트 매니저product manager, PM 또는 프로덕트 오너product owner, PO라고 불리는 기획 직군으로 일했다. 그래서 프로덕트 매니지먼트를 위한 매니저의 역할을 하곤 했다. 그런데 서비스 기획자들 사이에서도 '매니저'나 '오너'라는 표현 때문인지 기획자의 역할을 오해하는 경우가 있다. '매니저'와 '오너'라는 표현은 역할에 많은 권한이 부여되고 권한에 따른 큰 책임이 따르기 때문에, 역할의 중요성을 강조하는 동시에 책임감을 가지고 부단히 노력해달라는 당부와 부탁이 담겨 있다고 생각한다. 실제 기획자의 업무는 디자이너, 개발자 등 동료가 업무에 집중하고 효율적으로 일하며 좋은 제품을 만들 수 있도록 돕는 서포터에 가깝다. 따라서 직군을 표현하는 용어와 실제 역할 사이의 간극이 크다 보니 많은 실수를 저지르곤 한다. 기획자들이 프로덕트 매니지먼트를 한다면서 관리나 감독으로 착각하고 동료에게 명령하고 지시하며 군림하려고 드는 것이다. 화장실 가는 것까지 통제하는 프로덕트 매니저가 있다는 이야기를 듣고 깜짝 놀란 적이 있을 정도다.

기획자의 프로덕트 매니지먼트는 조직이나 사람을 관리나 감독하는 것이 아니라, 제품을 성공으로 이끄는 것이다. 타깃 유저나 고객의 요구사항을 정확히 정의하고, 이를 바탕으로 제품의 목표와 방향을 명확하게 설정하는 것이다. 그리고 동료들이 업무에 집중하고 효율적으로 일할 수 있도록 장애물을 제거해주고, 동료들과 협력하여 성공의 경험과 성공한 제품을 만들어야 한다. 그런데도 이를 이해하지 못하고 관리자나 매니저처럼 구는 기획자들이 여전히 많다.

기획자로서 프로덕트 매니지먼트를 하면서 가장 어렵고 힘든 점을 뽑으라고 한다면, 고객의 요구사항을 파악하거나 제품의 목표를 설정하고 장애물을 제거하는 일이 아니라 동료들과 협업하는 것이다. IT 제품 개발도 사람이 하는 일이다 보니 어떤 동료들과 함께 일하는지가 성공의 경험과 성공하는 제품을 만드는 데 가장 중요하다.

소명의식과 사명감

여러 회사를 재직하면서 많은 동료와 함께 일했다. 그런데 엇비슷한 금전적 보상과 복지를 제공받는데도 어떤 동료는 불평이나 불만 없이 열심히 일하는 데 반해 어떤 동료는 매일 일하기 싫은 티를 팍팍 내며 열심히 일하고 있는 동료까지 방해한다. 그러면서 "쿠팡이나 토스처럼 월급도 많이 주고 복지가 좋으면 나도 열심히 일할 텐데 그렇지 못하니까 그냥 받은 만큼만 일하는 거예요"라고 말한다. 즉, 처우나 보상이 좋으면

열과 성의를 다해 일할 텐데 현재의 처우가 만족스럽지 못하다 보니 굳이 열심히 일하고 싶은 생각이 없다는 식이다.

이런 말과 태도는 참 이해하기 어렵다. 처우나 보상에 그렇게 불만이 많으면 경영진을 찾아가서 불만을 이야기하든지 조용히 이직을 준비하면 될 텐데, 아무런 권한도 없는 동료 앞에서 불평과 불만만 늘어놓는 이유를 모르겠다.

흥미로운 점은, 이런 회사들의 처우와 복지가 대부분 그렇게까지 열악하지는 않았다는 것이다. 여러 회사에서 많은 동료와 일하다 보면, 열악한 조건과 환경에서도 열심히 일하는 동료가 있고 그렇지 않은 동료가 있다. 반대로 좋은 조건과 환경에서도 마찬가지다. 물론 좋은 처우와 보상, 복지, 근무 환경 등이 업무에 미치는 영향이 전혀 없다는 것은 아니다. 그러나 경험에 비추어 보면, 그렇게 큰 영향을 미치지도 않았다. 그렇다면 이 두 그룹의 차이는 과연 무엇이었을까?

나는 신입이나 주니어 기획자를 면접 볼 때 반드시 왜 이 직군이나 회사, 도메인을 선택했는지 묻는다. 그리고 그 답변에 따라 채용 여부가 갈리곤 한다. 특히 신입의 경우에는 실무 지식이나 역량이 없는 것이 당연하다. 설령 있다고 해도 지원자 간의 차이가 크지 않기 때문에 실무 지식을 묻는 것은 좋은 인재를 선별하는 데 적절한 질문이라고 할 수 없다. 그러니 경력자들에게 물어보는 질문과 다를 수밖에 없다.

모든 직업이 다 그렇겠지만, 기획자는 많은 전문 지식과 역량을 요구하는 동시에 프로덕트 매니지먼트를 위해 협업, 의사소통, 리더십 등의 소프트 스킬도 중요하다 보니 주니어가 맡기에는 어렵고 힘든 직군이다. 게다가 과학과 인문학, 비즈니스와 기술, 매출과 가치 등 서로 다른 이해와 가치 사이에서 협의하고 조율하며 합리적인 의사결정을 해야 한다. 그리고 이를 통해 결국 성공하는 경험과 제품을 만들어야 하다 보니 그 부담과 스트레스 때문에 중도에 포기하고 전직하는 경우도 많다. 또한 성공한 경험보다는 실패한 경험이 많을 수밖에 없어서 자존심이나 자존감에 큰 상처를 입기도 한다. 나는 19년 차 시니어 기획자가 된 지금도 여전히 업무가 어렵고 힘들다. 단순히 금전적인 보상만 생각해서는 오랫동안 즐겁게 일할 수 있는 직업이 아니다. 실패를 경험하고 자존감에 상처를 입으면서도, 이를 극복하고 성장하며 왜 기획자가 되려고 하는지, 왜 하필 이 도메인에서 일하려고 하는지 등 목적의식이나 소명의식이 필요하고 중요하다.

현대 자본주의 사회에서 많은 금전적 보상과 좋은 복지를 싫어하는 사람이 있을까? 나 또한 많은 급여와 좋은 복지를 제공받을수록 좋다. 그러나 보상과 복지가 좋아진다고 해서 일을 더 열심히 하거나 성과가 좋아진다는 보장은 없다. 급여가 인상되거나 성과급이 지급되면, 처음에는 기분이 좋아 며칠은 열심히 일할 수 있다. 하지만 시간이 지나면, 대다수는 이를 당연하게 여기며 평소와 같이 일한다. 여기서 중요한 단어는 '평소'다. 평소에 열심히 일했던 사람은 항상 열심히 일할 것이고, 그렇지 않았던 사람은 게으름을 피우며 또 다른 핑계를 찾을 것이다. 따라서 정기(고정)적이거나 일시적인 금전적 보상과 복지로는 지속적으로 동기를 부여하기 어렵다.

재직했던 회사 중에는 급여가 업계 최상위권 수준이었던 적도 있고, 급여가 일괄 20%씩 인상되거나 많은 성과급을 지급받은 적도 있다. 게다가 점심과 저녁 식대를 제한 없이 지원했던 회사도 있었다. 그러다 보니 식대를 흥청망청 사용하기도 했다. 이렇게 많은 급여나 성과급을 받고 좋은 복지를 제공한다고 해서 그 회사의 모든 동료들이 열심히 일하고 좋은 성과를 만들어내지는 않았다. 능력이 그만큼 되지 않는데도 그 보상이 자신의 실력이라고 착각한 나머지 쓸데없이 눈높이와 자존심만 높아진 동료도 있었다. 반면 열악한 조건과 환경에서도 열정을 다해 일하고 좋은 성과를 만들어내는 동료도 많았다.

굳이 이런 이야기를 하지 않더라도 평소에도 열심히 일하는 사람은 처우나 보상에 관계없이 열심히 일한다. 성과나 일한 것에 비해 보상이 적은 것 같아 오히려 미안하고 안타까울 때가 있다. 특히 정규직 사원보다 능력 있고 열심히 일하며 좋은 성과를 내는 계약직 사원이나 인턴을 볼 때면, 세상이 참 불공평하다는 생각이 든다. 그런데 이런 동료들은 무능력하고 불성실한 정규직 사원에게 관리와 지시를 받으며 짜증이나 화가 치밀어 오를 만도 한데, 군소리 없이 묵묵히 일한다.

열심히 일하는 동료들에게 왜 그렇게 열심히 일하는지 이유를 물어보면, 회사의 미션이나 제품의 가치에 공감하며 이를 꼭 성공시키고 싶다고 말한다. 또는 단기적이고 일시적인 보상보다는 자신의 배움이나 성장 등 장기적인 가치에 집중하거나 인생의 가치관이나 신념을 지키고 유지하는 것을 더 중요하게 생각한다. 따라서 미션을 성공시켜 회사와 자신이 함께 성장하고 싶다는 목표나 의지를 가지고 있다. 이들에게는 미션이나 제품을 성공시키거나 성과를 만들어내는 것이 가장 중요하다. 그리고 성과를 내거나 성공하면, 기여도에 따라 적절한 보상을 받고 좋은 환경을 만들어가면 된다고 생각한다. 그러나 미션이나 가치를 중요하게 생각하고 내적 동기나 신념이 강한 만큼, 정의나 공정 등의 가치 또한 중요하게 여긴다. 그래서 회사나 제품이 성장하고 목표를 달성했는데도 불합리하고 공정하지 않은 평가나 보상을 받으면 별말 없이 조용히 회사를 떠난다. 그런 조직은 갈수록 무능해지고 성과는 떨어진다.

일을 묵묵하게 열심히 하는 사람들의 이유나 동기는 처우나 보상과 같은 단기적이고 일시적인 외적 요인보다는 가치나 성장, 소명의식, 사명감과 같은 장기적이고 지속적인 내적 요인이다. 그리고 이러한 내적 요인을 통해 스스로에게 끊임없이 동기를 부여한다. 물론 모든 사람이 자신이 하는 일에 대해 소명의식이나 사명감을 가질 수는 없다. 누군가는 현재 하는 일에서 사명감이나 소명의식을 찾지 못해 괴로워하며 이직을 준비할 수 있고, 또 다른 누군가는 사명감이나 소명의식을 찾아가는 과정일 수도 있다. 그리고 일에 대한 가치관은 사람마다 다를 수밖에 없고, 이러한 가치관은 존중받아야 한다.

따라서 정기적이거나 일시적인 금전적 보상이나 처우로는 지속적으로 동기부여를 할 수 없다는 사실을 인정하고, 이를 동기부여의 수단이나 도구로 삼지 않아야 한다. 금전적 보상을 통해 동기를 부여하고 싶다면, 구성원 모두가 동의할 수 있도록 합리적인 성과 평가 시스템을 구축하고 이 시스템에 기반하여 공정하게 평가하며 보상을 지급해야 한다. 이를 위해 한 번에 지급되는 보상이 너무 클 필요는 없다. 짧은 주기로 보상이 지급된다면, 반복해서 보상을 받은 사람은 자연스럽게 보상의 합이 클 것이다. 반면에 보상받지 못한 사람은 한 번에 지급되는 보상이 그리 크지 않기 때문에 상대적 박탈감을 느끼거나 질투하지 않을 수 있다.

스스로 동기를 부여하며 열심히 일해서 성과를 만들어낸 구성원들이 불만을 가지고 회사를 떠나지 않도록 해야 한다. 그리고 이렇게 보상받는 사람을 구성원들이 배우고 따라 할 수 있는 시스템이나 문화를 만들어야 한다. 이를 위해 회사와 리더의 중요한 역할은 회사의 미션이나 제품의 가치에 공감하고 지지하며, 이에 소명의식이나 사명감을 느끼는 인재를 채용하는 것이다. 또 배우고 성장하려는 강렬한 의지나 조직과 구성원에 도움이 되는 건강한 가치관과 신념을 가진 사람을 채용해야 한다. 한편 모두 동의할 수 있는 합리적이고 공정한 성과 평가 시스템을 구축하는 것이다. 이와 관련해서는 4부 '일하고 싶은 기업'에서 자세히 이야기하도록 하겠다.

모든 인간에게 시간은 유한하다. 그런데 아무런 목표나 목적의식도 없이 매일 8시간 이상 의자에 앉아 허송세월한다면 인생이 너무 아깝지 않을까? 80년을 산다고 해도, 정말 집중해서 제대로 일하는 시간만을 따진다면 고작 10여 년에 불과할 것이다. 일은 생존을 위해 돈을 벌기 위한 수단인 동시에 인간으로서 존재의 의의나 사회적 가치를 찾고 증명하는 시간이기도 하다. 일을 생존 수단으로만 본다면, 어려서는 생존 수단인 직장을 구하기 위해 공부하고, 젊어서는 생존을 위해 일만 하다, 늙어서야 노동에서 벗어나 한가로운 삶을 보내거나 빈곤하게 살다 생을 마감해야 한다. 인간으로서 존재의 의의나 사회적 가치를 증명하는 시간이라고 생각한다면, 그 가치나 의의는 사람에 따라 다를 수밖에 없고 10년은 무척 짧게 느껴질 것이다. 전기 자동차를 개발하는 것이 목표라면 10년은 긴 시간일 수 있지만, 지속 가능한 에너지 사회를 구축하고 화성으로 이주하는 데까지 10년은 너무 짧을 수도 있다. 그래서 일을 시작하기에 앞서 단 1분만이라도 자신이 이 일을 왜 해야 하는지, 그리고 이 일이 자신의 인생과 사회에 어떠한 가치와 의미를 가지는지 생각해보길 바란다. 그러면 8시간의 근무 시간을 달리 보낼 수 있다.

그래서 많은 기업에서 회사나 제품이 추구하는 미션이나 가치를 드러내는 캐치프레이즈catchphrase를 공들여 만들고, 이를 곳곳에 노출하며 강조하는 것이다. 구직자들도 마구잡이로 지원하기보다는, 회사의 미션과 제품을 찾아보고 이에 공감하거나 소명의식이나 사명감을 찾을 수 있을지 고민한 후 지원해야 한다.

인간에게는 나름의 존재 이유와 사명이 있다고 생각한다. 나는 신이 인간에게 부여한 사명, 즉 존재의 의의를 여전히 찾고 있다. 하지만 일에 대한 사명은 명확하다. 그래서 프로필에 이를 적어두고 항상 잊지 않기 위해 노력하고 있다.

> "열정 있는 동료들과 함께 재미있게 일하고, 가치 있는 서비스를 기획하여 사회에 이비지하며, 그 성공을 바탕으로 가슴 따뜻한 세상을 만드는 데 조금이나마 기여하는 것입니다."

성공의 경험과 성취감

시니어 기획자로서 디자이너, 개발자 등의 동료들과 함께 적당한 수준의 제품을 만드는 건 그다지 어렵지 않다. 하지만 완성도가 높은 제품을 만드는 것은 너무도 어렵고 힘들다. 즉, 제품의 완성도를 50%에서 70%로 20%를 올리는 건 그다지 어렵지 않은데, 91%에서 92%로 1%를 올리는 데는 엄청난 노력이 필요하다.

가끔 경쟁사 제품의 특정 기능이나 요소를 보고 “와! 이런 디테일까지 신경 쓰고 챙겼다고?”라며 놀라거나 부러워하는 경우가 있다. 필수적인 기능이나 요소가 아니기에 이를 제공하기까지 어떠한 과정을 거쳤을지, 얼마나 고생했을지 짐작이 가기 때문이다. 예컨대 로그인 화면에 마우스 방향에 따라 시선을 돌리는 원숭이 캐릭터가 있고, 사용자가 비밀번호 입력 박스에 입력하면 원숭이가 눈을 가리며 “보안에 주의해주세요!”라는 메시지가 표시되는 기능이 있다. 이러한 기능이나 요소를 내부에서 만들거나 제공하려고 하면 필수적인 것이 아니기 때문에 항상 비즈니스 요구사항이나 부족한 리소스를 이유로 우선순위에서 밀리거나 동료들의 반대에 부딪힌다. 설득해보려고 노력하지만, 설득이 쉽지 않다.

특히 완성도 높은 제품을 만들어본 적이 없는 동료들과 일할 때 1%의 완성도를 높이기가 가장 어렵고 힘들다. 이들은 완성도 높은 서비스를 만들고 사용자에게 제공했을 때 느끼는 감동이나 희열, 보람을 경험해보지 못해서인지, 완성도 높은 서비스를 만드는 과정에서 겪을 자신의 고생이나 고통만 떠올린다.

성공의 과정은 골이 깊고 봉우리는 많아서 도대체 어디가 정상인지 구분하기 어려운 산맥을 등반하는 것과 같다. 그런데 정상에 올라본 경험이 없는 사람에게 눈앞에 보이지도 않는 정상을 이야기하며 정상에 올랐을 때 얻을 수 있는 장점을 열심히 설명한들, 함께 정상에 올라보자는 설득에 넘어갈 리 없다. 그들은 당장 눈앞의 높은 봉우리를 올라가는 과정에서 겪을 고생이나 고통부터 떠올리고, 집에서 편히 유튜브나 넷플릭스를 보면서 쉬고 싶다고 말한다. 아예 시도조차 하고 싶어 하지 않는다. 낮은 언덕이라도 올라 정상에 올랐을 때의 성취감을 느껴봤어야 하는데 그렇지도 않다 보니, 어렵사리 설득해 밀어주고 당겨주며 함께 열심히 오르다가도 중도에 힘들다며 포기해버린다.

정상에 올라본 경험이 없는 사람뿐만 아니라 항상 정상만 경험해본 사람도 마찬가지다. 그들은 정상에 오르는 과정을 경험해보지 못했기 때문에 산 밑부터 정상까지 오르는 과정이 얼마나 힘들고 어려운지 이해하지 못하고 쉽게 생각한다. 그러다 조금이라도 고통스럽거나 고생하면 깜짝 놀라 바로 포기한다.

우리 사회에서는 교육 제도와 시스템상 학생 때부터 자신감과 성취감을 느끼며 스스로 동기를 부여하기가 어렵다. 학생이 공부에서 목적의식이나 소명의식을 찾기란 사실상 쉽지 않다. 부모님에게 용돈을 받아 생활하기 때문에 성인처럼 생존이나 부양, 소비를 위해 반드시 돈을 벌어야 한다는 강력한 목적의식을 가지기 어렵다. 또한 한국 사회에서 공부는 좋은 직업이나 직장을 얻기 위한 과정이라고 생각하기 때문에 일찍이 소명의식이나 사명감을 깨닫기도 어렵다. 공부는 사회제도에 의해 어쩔 수 없이 해야만 하는 지겹고 짜증 나는 과정일 뿐이다. 또한 현재의 교과서 중심의 주입식·암기식 교육으로는 성공의 경험을 통해 자신감과 성취감을 느끼기도 어렵다. 게다가 입시를 위해 점수로 등수를 매기는 방식은 자신감과 성취감을 느끼기는커녕 열등감과 패배감만 느끼게 한다. 항상 반에서, 전교에서, 전국에서 1등만 할 수는 없다. 물론 항상 1등을 하거나 등수가 꾸준히 올라 성취감을 느끼는 학생도 있겠지만, 대다수는 타의에 떠밀려 목적의식 없이 억지로 공부하며 성적에 따라 열등감과 패배감만 느낀다.

그래서 학생들이 공부보다는 게임과 같은 유희에 더 흥미를 느낀다. 게임은 퀘스트를 통해 달성 가능한 현실적인 목표를 제시하며 명확한 목적의식을 갖게 한다. 그리고 시간을 투자하고 노력한 만큼 즉각적이고 공정한 보상이 주어지며, 성취감을 느낄 수 있고, 이를 통해 지속적으로 동기를 부여하며 게임에 집중하고 몰입할 수 있다.

성취감은 과정이 힘들수록 더 크게 느끼며 그 중독성이 강하다. 고생하며 성취감을 반복해서 맛본 사람은 과정이 어렵고 힘들수록 성공했을 때 느끼는 성취감이 크다는 사실을 잘 안다. 제3자가 보기에는 이해하기 어려울 수도 있겠지만, 과정이 힘들수록 고생과 고통을 견디며 더 열심히 한다. 이런 모습은 게임에서도 쉽게 찾아볼 수 있다. 게임은 혼자서도 쉽고 간편하게 즐길 수 있다. 하지만 다른 사람들과 함께 더 어렵고 힘들게 공략해야 하는 인스턴트 던전에 입장하여 몇 시간씩 플레이하는 게임을 좋아하는 사람이 많다. 게임을 해본 경험이 없는 부모는 공부에는 몇 분도 집중하지 못하던 자녀가 몇 시간이고 집중하고 몰입해서 게임을 플레이하는 것을 보면 이해할 수 없다. 게다가 성취감은 스스로에 대한 감정적인 보상이기 때문에 사람마다 성취감을 느끼는 강도가 다를 수 있다. 게임은 게임 머니나 아이템 등 즉각적인 보상을 통해 성취감마저 극대화한다.

일도 마찬가지다. 일에서 목적의식이나 소명의식을 찾을 수 없거나 성취감을 기대하고 경험하며 동기부여도 되지 않는다면, 열심히 하는 것은 고사하고 일 자체가 매우 괴롭고 고통스러울 것이다. 이런 사람들에게 일을 열심히 하라고 이야기하며 성과를 기대하는 것은 서로에게 고통이자 비극이다. 따라서 채용 시에 목적의식이나 소명의식을 가지고 목표를 달성하기 위해 노력하고 고생한 경험을 해본 사람, 그 경험을 통해 보람과 성취감을 느껴본 사람을 채용해야 한다. 그러나 이제껏 수없이 경험한 면접을 떠올려보면, 이러한 경험이나 자세, 가치관을 묻기보다는 학벌과 커리어만 보고 채용하는 경우가 많다. 이미 크게 성공한 대기업이나 스타트업에 입사해서 근무한 경험이 그 사람의 실력을 대변하지 않는다는 것을 잘 알면서도, 서류와 짧은 면접을 통해서는 지원자를 제대로 파악하기 어렵다며 매번 같은 실수를 반복한다.

회사와 리더는 구성원이 목적의식이나 소명의식을 찾을 수 있는 원대한 미션을 정하고, 이에 공감하고 동의하는 사람을 채용해야 한다. 그리고 일정 주기로 달성 가능한 현실적인 목표를 설정하고, 구성원이 이 목표를 달성하며 작은 성공의 경험을 통해 자신감과 성취감을 느낄 수 있도록 해야 한다. 그리고 이러한 성취감과 함께 짧은 주기로 공정하게 보상을 지급하며 성취감을 극대화하고 지속적으로 동기를 부여해야 한다. 이와 관련해서는 뒤에서 더 자세하게 이야기하도록 하겠다.

4

집중과 몰입

메타(전 페이스북)의 창립 과정을 픽션으로 재구성한 영화 〈소셜 네트워크〉에서는 초기 페이스북 개발자들이 시끄럽고 정신없이 파티가 벌어지는 상황에서도 헤드셋을 끼고 모니터를 바라보며 코딩에 집중하는 장면이 나온다. 이를 두고 당시 사람들은 원치 않는 음악이나 잡담을 듣지 않기 위해 이어폰으로 귀를 막고 음악을 들으며 일하는 IT 종사자들의 근무 환경이 과연 업무 생산성에 도움이 되는지 여부를 두고 갑론을박했다.

이어폰을 끼고 음악을 들으며 일하는 것이 업무 생산성에 도움이 되는지 여부는 어떤 업무를 하는지에 따라, 사람에 따라 다를 수밖에 없기 때문에 언급하지는 않겠다. 당시 나는 그 장면을 보면서 업무 효율을 생각하기보다는 업무에 집중하고 있는 그들의 모습이 부러웠다. 업무 효율이 낮을 것이라고 생각한 사람들은 일하며 몰입하는 경험을 해보지 못한 사람이다. 내게는 그 장면에서 개발자들이 몰입이라는 무아지경에

빠져 즐거움과 희열을 만끽하는 것처럼 보였기 때문이다. 게임이나 놀이를 할 때만 몰입의 즐거움을 느끼는 것은 아니다. 무엇인가 새로운 것을 만들고 창조하며 집중하다 보면, 게임이나 놀이를 즐길 때와는 또 다른 몰입의 즐거움과 희열을 느낀다.

잃어버린 집중력을 찾아서

게임을 하다가 시간이 얼마나 흘렀는지조차 인식하지 못하거나 끼니를 거르고도 허기를 느끼지 못할 만큼 몰입해본 경험이 있을 것이다. 너무 몰입한 나머지 자신도 모르게 시간이 훌쩍 지나버린 것이다.

그런데 게임이나 놀이를 할 때나 마찬가지로, 무엇인가를 새롭게 만들고 창조할 때도 몰입의 즐거움과 희열을 느낄 수 있다. 일에 몰입하면, 즐거움과 희열을 느끼고 시간이 쏜살같이 흘러간다. 물론 일에서 몰입의 즐거움과 희열을 느끼기 위해서는 자신이 하는 일에 소명의식이나 사명감을 가지고 있어야 한다. 그리고 조직의 구성원들이 동일한 미션과 목표를 공유하며 방향성이 일치하여 매끄럽게 일이 진행되어야 한다. 서로 다른 목표나 생각을 가지고 있다면, 일이 매끄럽게 진행되지 않고 집중력을 잃을 수밖에 없다.

현실적으로는 여러 구성원이 하나의 미션과 목표를 공유하며 방향성을 일치하기란 어렵고 힘들다. 그래서 구성원이 많은 대기업보다는 스타트업 조직이, 직장인보다는 창업자나 창업 멤버가 몰입의 즐거움을 느끼기 좋은 조건과 환경을 갖추었다고 할 수 있다. 성공한 스타트업에서 열정을 가진 사람이나 몰입의 즐거움을 맛보았던 사람이 열악한 환경의 초기 스타트업으로 이직하거나 다시 창업하는 이유가 한편으론 이해가 된다. 성취감과 마찬가지로 몰입의 즐거움과 희열도 엄청난 중독성이 있기 때문이다.

투자 수익률을 극대화하기 위해서는 초기 자금(시드 머니)과 투자 기간(시간)이 중요하다고 이야기한다. 여기서 투자 기간이 중요한 이유는 시간을 통해 복리의 효과를 누릴 수 있기 때문이다. 초기 자금은 개인의 처지와 상황에 따라 한계가 있다. 설령 대출을 받는다고 해도 개인의 경제력과 특정 조건에 따라 그 한도가 정해진다. 그렇기에 시간을 강조하며 모두에게 기회가 공평히 주어진다고 이야기한다. 물론 한 번이라도 장기 투자를 해봤다면, 시장 상황의 변화에도 불구하고 인내심을 가지고 장기 투자를 하는 것이 얼마나 어렵고 힘든 일인지 알 것이다.

반면에 업무 생산성을 극대화하는 데는 시간이 그리 중요하지 않다. 모든 사람에게 하루는 24시간씩 공평하게 주어졌고, 일하는 시간 또한 근로기준법에 따라 일주일 40시간을 초과할 수 없다. 그렇다고 야근과 철야로 근무 시간을 늘린다 한들 오히려 생산성이 떨어지거나 병원에 입원해야 할지도 모른다. 하루 8시간이라는 제한된 근무 시간에 높은 생산성을 만들어내려면 업무 효율을 끌어올려야 한다. 이를 위해서는 구성원이 업무에 집중하고 몰입해야 한다.

그러나 주변 환경은 집중하고 몰입하도록 우리를 가만히 놔두지 않는다. 창밖에서 들려오는 자동차 소음이나 경적 소리, 윗집에서 들려오는 층간소음, 주변의 대화 소리가 끊임없이 집중을 방해한다. 층간소음을 이유로 폭행이나 살인 사건 등이 발생했다는 뉴스가 끊이질 않는데, 저감 기술이 개발되었음에도 불구하고 건설사는 건설 비용이 늘어난다는 이유로 사실상 나 몰라라 한다. PC, 태블릿, 스마트폰, 웨어러블 기기 등에서 동시에 울리는 알림으로 인해 몰입은 고사하고 몇 분이나마 집중력을 유지하는 것조차 어렵고 힘들 지경이다. 오죽하면 각종 디지털 기기나 인터넷, SNS 등에서 멀어지는 '디지털 디톡스'라는 용어가 등장하고, 《도둑맞은 집중력》(어크로스, 2024)이라는 책이 베스트셀러가 될 정도로 집중할 수 없는 환경은 심각한 사회문제로 인식되고 있다.

특히 요즘처럼 집중하기 어려운 환경에서 무엇인가에 집중하고 몰입할 수 있는 환경을 갖추거나 자주 몰입한다는 사람을 보면 부러운 마음이 든다. 현대인들은 집중력을 높이기 위해 여러 잔의 커피를 마시며 카페인을 충전하거나, 노이즈 캔슬링을 지원하는 값비싼 이어폰으로 귀를 막는 등 다양한 노력을 기울인다. 하지만 복잡한 현대 사회는 집중이나 몰입을 방해하는 요소로 가득하여 현대인을 가만히 놔두지 않는다. 그래서 집중하고 몰입하기가 갈수록 어렵고 힘들다.

회사에 출근한 후 자신이 과연 몇 시간이나 집중해서 일하는지 살펴보라. 커피를 마시고, 동료들과 시시콜콜한 잡담을 나누기도 하며, 화장실에 가고, 인터넷 서핑을 하는 데도 생각보다 많은 시간을 사용할 것이다. 때로는 휴게실에 설치된 안마의자나 게임기를 이용하며 휴식을 취하기도 할 것이다. 물론 이러한 행동이 모두 불필요하다고 생각하지는 않는다. 그렇지만 이런 시간을 제외하고 나면, 8시간 중 몇 시간이나 일할까? 불필요한 문서 작성, 비생산적인 미팅이나 업무 회의 등 업무 생산성이나 효율과는 거리가 먼 업무도 해야 한다. 따라서 집중이나 몰입을 떠나 생산성이 있는 업무를 하는 시간은 6시간을 넘지 못할 수도 있다.

한 조사 결과에 따르면, 하루 8시간 근무를 기준으로 직장인의 평균 집중 근무 시간은 2시간 30분에 불과하다고 한다.* 전체 근무 시간 중 약 30% 정도만 집중해 업무를 보는 셈이다. 게다가 PC나 스마트폰 등의 디지털 기기에서 울리는 전화나 문자, 푸시 알림 등으로 인해 3분 이상 집중해서 업무를 보기 어렵다고 하니, 얼마나 집중하기 어려운 환경인지 알 수 있다. 따라서 근무 시간 중에 집중력을 높이며 몰입의 즐거움과 희열을 느끼고 업무 생산성을 높이기 위해서는, 주변의 환경을 최대한 통제할 필요가 있다.

나는 출퇴근하는 지하철에서 업무용 메신저인 슬랙에 오늘의 업무를 정리하는 습관을 가지고 있다. 출근하면서 당일 처리해야 하는 업무와 그 우선순위를 정리하고, 퇴근할 때는 당일 처리한 업무와 처리하지 못한 업무를 정리하며 돌아본다. 이렇게 출퇴근 시에 지하철에서 업무를 정리하는 이유는 딱히 지하철에서 휴대폰으로 음악을 들으며 할 수 있는 생산적인 일이 없기도 하고, 사내에서는 업무를 정리할 수 있는 여유도 없는 데다, 우선순위에 따라 중요한 업무를 처리하기 위해서다. 기획자라는 직군의 특성상 외부 요인에 의해 많은 시간과 집중력을 빼앗기다 보니 정작 중요한 업무를 처리하지 못하고 퇴근하거나 아예 잊어버리는 경우도 있기 때문이다.

* https://news.incruit.com/news/newsview.asp?newsno=437239

나는 벤치마킹과 테스트 등을 위해 아이폰과 안드로이드폰이 모두 필요해서 단말기를 3개씩 가지고 다닌다. 회사에서 테스트용 단말기까지 지급되면 가짓수는 늘어난다. 그런데 각 단말기마다 100여 개 이상의 앱이 설치되어 있다. 주로 사용하는 단말기에는 약 300개 정도의 앱이 설치되어 있다. 따라서 전화와 문자를 제외하더라도 3개의 단말기에 설치된 수백 개의 앱에서 쏟아내는 푸시 알림을 일일이 수신하면 짜증을 넘어 화가 날 지경이다. 그래서 나는 모든 단말기를 하루 종일 방해금지 모드로 설정해두곤 한다. 그러다 보니 최근 통화 내역에는 붉은색 글씨의 부재중 전화 목록이 수북하게 쌓여 있다. 전화를 건 입장에서는 급하고 중요해서 연락했을 텐데 내가 바로 받지 않아 나중에 연락이 닿았을 때 짜증내거나 화를 내곤 한다. 당연히 나의 선택으로 인한 상대방의 불편이니 감내하겠지만, 상대방에게도 넓은 마음으로 양해를 부탁한다.

기획자의 일상은 멀티태스킹의 연속이다. 웹페이지나 애플리케이션을 매번 띄우고 닫기도 번거롭고 귀찮아 3개의 모니터에 크롬, 브레이브, 아크, 사파리, 웨일 브라우저를 모두 띄워놓고 작업한다. 그리고 브라우저마다 목적과 용도를 구분하여 웹페이지 여러 개를 동시에 띄워놓는다. 그래서 가끔 업데이트나 장애로 컴퓨터가 꺼지면 짜증이 난다. 다시 띄우는 데도 한참이 걸리기 때문이다. 그런데 이런 환경에서 일하다 보면, 나름 일을 열심히 하고 있다는 착각이 들곤 한다. 하지만 정작 한 업무에 집중하지 못하다 보니 작업 속도나 업무 생산성이 떨어진다. 고도의 집중력이 요구되는 업무는 결국 야근으로 끝마쳐야 한다. 아마 현대 사회를 살아가는 많은 직장인의 상황이 비슷할 것이다.

게다가 의자에 앉아서 오랜 시간을 보내는 것이 열심히 일하는 것이라는 고정관념을 가진 조직이 많다. 그래서 하루 종일 느긋하게 일하다 법인 카드로 저녁 식사를 하고 잡담이나 나누다 퇴근하는 사람도 많다. 하지만 이렇게 일해서는 조직이나 본인에게도 도움이 되지 않는 데다 바람직한 직장 생활이라고 할 수도 없다. 따라서 방해 요소를 최소화하고 업무에 집중할 수 있는 시간을 확보해야 한다. 그래서 많은 회사에서 근무시간 중에 집중 업무 시간을 정해 운영한다. 나는 오후에 2시간 정도를 집중 업무 시간으로 정해서 동료들에게 이를 알린다. 아주 급하지 않은 업무로는 방해받지 않기 위해서다. 그리고 업무용 캘린더에 미리 업무 집중 시간을 기록하여 회의나 미팅 일정을 잡거나 초대하지 못하도록 한다. 집중 업무 시간에는 업무용 메신저도 자리비움 상태로 전환하고 알림을 중지해놓는다.

업무와 관련된 내용이라면 1:1 대화나 메신저를 통하기보다는 반드시 협업 툴이나 **위키**wiki* 등을 통해 구성원 모두가 확인하고 열람할 수 있도록 문서화하여 업무를 진행한다. 그래야 정보의 투명성과 신뢰성을 높일 수 있다. 특히 IT 프로젝트는 함께 협업해야 하는 동료가 많기 때문에 문서화하지 않으면 똑같은 이야기를 앵무새처럼 반복하는 경우가 많다. 따라서 동료들이 쉽게 확인하고 공유할 수 있도록 해야 방해받는 횟수를 줄일 수 있다. 업무 생산성을 높이기 위해 문서 작성을 최소화해야 한다는 사람도 있는데, 보고용 자료 등의 불필요한 문서는 줄여야 한다. 따라서 문서 작성을 효율적으로 하기 위해 자주 작성하는 문서의 경우

* 위키란 다수가 협업하며 문서를 작성하고 관리할 수 있는 도구로 컨플루언스(Confluence), 노션(Notion), 옵시디언(Obsidian) 등이 있다.

에는 양식을 제공하여 문서를 쉽고 빠르게 작성하게 하고, 독자가 내용을 쉽고 빠르게 확인하고 이해할 수 있도록 해야 한다.

업무 생산성을 높이기 위해서는 이 외에도 많은 고민과 노력이 필요하다. 집중력을 뺏으려는 외부적인 요인은 매우 적극적이므로 스스로 이를 통제하려 노력하지 않는다면 일에 몰입하는 즐거움이나 희열을 영원히 느끼지 못할 수도 있다.

몰입과 집중을 위한 팁

1. 출퇴근 시에 업무용 메신저에 오늘의 업무를 정리한다. 출근 시에는 당일 처리해야 하는 업무와 그 우선순위를 정리하고, 퇴근 시에는 당일 처리한 업무와 처리하지 못한 업무를 정리한다.
2. 디지털 단말기의 방해 금지 모드를 적극적으로 활용한다.
3. 업무에 집중할 수 있는 업무 집중 시간을 확보한다.
4. 업무는 협업 툴이나 위키 등을 통해 구성원 모두가 확인하고 열람할 수 있도록 문서화하며 진행한다.

정리된 책상이나 25분 집중 후 5분 휴식을 반복하는 포모도로 집중법* 등이 집중력을 향상할 수 있는 방법으로 많이 소개되지만, 개인적으로는 큰 효과가 없었다. 자신만의 집중력을 높일 수 있는 방법을 찾기 위해 많은 고민과 노력이 필요하다.

* https://ko.wikipedia.org/wiki/포모도로_기법

PART 2

성공하는 팀

5

수평적이고 자율적인 조직

동기부여 이론에 따르면, 구성원의 열정과 의욕을 고취시키고 창의성을 발휘하기 위해서는 자율성과 자기 결정권을 보장하는 분위기, 즉 수평적인 조직문화를 조성하는 것이 중요하다고 한다.

2022년 11월, 삼성이 전 계열사 임직원을 대상으로 '프로다움'이라는 새로운 업무 수행 방식을 도입한다는 기사*가 나왔다. 글로벌 기업으로 나아가기 위해서는 회사와 리더, 구성원 모두가 자율적인 업무 환경을 조성하기 위해 노력하고, 회사는 구성원과 리더 모두가 본연의 업무에 집중해 성과로 승부하고 인정받을 수 있는 환경을 만들기 위해 노력한다는 것이다. 그리고 리더는 구성원의 역할과 책임을 명확히 하고 자율적인 업무 환경에서 최고의 성과를 낼 수 있도록 지원하고, 구성원은 주어진 업무의 가치와 중요성을 인식하고 자기 주도적으로 성과를 내도록

* https://news.mt.co.kr/mtview.php?no=2022112312461638082

한다. 이는 업무 성과가 아닌 출퇴근 시간 등의 성실함이나 업무 외적인 요인으로 평가받고, 주도적으로 창의성을 발휘하기보다는 수동적으로 업무 지시에만 성실하게 임한다는 내부 목소리와 비판에서 시작되었다고 한다. 언론을 통해 해외 유명 기업에서 재직한 인재들이 삼성으로 이직했다가 내부의 업무 방식이나 조직문화에 대해 비판하며 퇴사했다는 이야기가 어제오늘 나온 것이 아니기 때문에 글로벌 인재를 유치하고 글로벌 경쟁력을 강화하기 위해서는 필요한 변화와 조치라고 생각한다.

반면 스타트업의 경우에는 오래전부터 수평적이고 자율적인 조직문화를 만들고 유지하기 위해 **애자일 방법론**이나 **OKR 프레임워크** 등을 도입하며 노력을 기울였다. 그러나 많은 스타트업이 애자일 방법론을 받아들이고 애자일 조직으로 변화하는 데 시행착오를 겪었다. 따라서 삼성의 수직적인 조직문화에 자율적인 업무 환경이 과연 정착될지 여부는 의문이다.

수평적인 조직문화, 애자일 방법론

IT 기업에서 제품을 개발하는 프로덕트 조직을 효과적으로 관리하고 운영하기 위해 다양한 방법론이 연구되었다. 그중에서도 **워터폴**waterfall 방법론과 **애자일**agile 방법론은 가장 널리 사용되고 있는 대표적인 소프트웨어 개발 방법론이다(108쪽 워터폴 방법론과 애자일 방법론의 비교 표 참고).

2000년대 중반까지만 해도 국내 IT 기업의 대다수는 워터폴 방법론을 사용했다. 워터폴 방법론은 기획(계획), 디자인, 개발, 테스트, 배포의 단계가 폭포수가 흘러내리듯이 순차적으로 진행되며 제품이 개발되는 것을 말한다. 사전에 모든 단계를 계획하여 진행하기 때문에 체계적이고 예측 가능성이 높아 관리자 입장에서는 프로젝트를 관리하기가 수월하다. 정해진 일정과 비용, 인력의 제약이 있는 프로젝트에서 주로 사용하다 보니 대기업이나 SI 프로젝트에서 많이 사용된다. 자율적이고 수평적인 조직보다는 위계질서를 가진 수직적인 조직문화에 적합한 방법론이라고 할 수 있다.

보통 워터폴 방법론을 사용하는 조직에서는 프로젝트를 관리하기 위해 프로젝트 작업을 명세한 **WBS**work breakdown structure를 작성하고, 날짜에 따라 작업의 타임라인을 표시해 프로젝트를 시각적으로 관리할 수 있는 **간트 차트**Gantt chart를 관리 도구로 사용한다. 따라서 프로젝트 매니저나 기획자가 작업의 명세나 공수 산정을 잘못하게 되면 프로덕트 팀이 야근이나 철야를 하는 등 크런치 모드를 겪는 문제가 발생하기도 했다.

그러다가 2010년대 초 스마트폰과 앱 스토어의 등장과 함께 스타트업 전성시대가 시작되자, 짧은 주기를 반복하며 작은 단위의 개발 범위를 효율적으로 개발하는 애자일 방법론이 빠르게 확산되기 시작했다.

현대 사회는 고객의 요구사항도 복잡하고 트렌드도 빠르게 변화한다. 그런데 기업이 워터폴 방법론으로 3개월, 6개월, 1년에 걸쳐 제품을 개발하면, 그사이 비즈니스 환경이나 고객의 요구사항의 변화에 유연하고 민첩하게 대응하지 못하고 경쟁사와 경쟁 제품의 등장에 경쟁력이 떨어지며 실패를 겪을 수 있다. 게다가 스타트업의 경우에는 부족한 리소스로 인해 오랜 기간에 걸쳐 제품을 개발했는데 해당 제품이 실패하면 회사가 망한다. 그래서 짧은 주기로 가설을 설정하고 실험과 검증을 반복하며 리스크를 줄일 수 있는 애자일 방법론이 스타트업을 중심으로 빠르게 확산되었다.

애자일 방법론 중 하나로, 보통 2~4주 기간의 **스프린트**sprint 주기를 반복하며 팀이 협력하여 제품을 개발하는 **스크럼**scrum 방법론을 함께 적용하는 기업이 많다. 스크럼 방법론은 **스프린트 플래닝 미팅**sprint planning meeting, **일일 스크럼 미팅**daily scrum meeting(또는 **일일 스탠드업 미팅**daily standup meeting이라고 한다), **스프린트 리뷰**sprint review, **스프린트 회고**sprint retrospective 등의 과정을 통해 워터폴 방법론에 비해 수평적인 조직문화를 추구하다 보니 청년세대들이 선호하는 방법론이 되었다.

스크럼 방법론 용어 정리

- **스프린트 플래닝 미팅**

  여러 작업 리스트(backlog) 중에서 다음 스프린트에 어떠한 작업을 처리할지 우선순위를 정하는 미팅이다. 워터폴 방법론에서는 경영진이나 기획자가 개발 팀장이나 리더와 협의해서 작업의 범위나 일정을 결정했다면, 애자일 방법론에서는 팀원 모두가 협의를 통해 결정하는데, 이 과정을 스프린트 플래닝 미팅이라고 한다. 효율적인 의사결정을 위해 ICE 또는 RICE 프레임워크 등을 활용하기도 한다. RICE 스코어는 우선순위를 결정하기 위한 프레임워크로 Reach(얼마나 많은 사용자에게 영향을 미치는가?), Impact(임팩트의 크기는 어떠한가?), Confidence(얼마나 확신하는가?), Effort(이를 수행하는 데 드는 노력과 비용의 크기는 어떠한가?)의 앞 글자를 따서 붙은 이름이다. 전체 팀원이 각 항목별로 10점 내에서 점수를 부여한 다음 계산식(Score = R x I x C / E)을 통해 계산하여 합산한다. 그리고 합산한 값이 클수록 우선순위가 높다고 판단한다.

- **일일 스크럼 미팅**
  매일 시간을 정해 서로의 작업과 그 진행 상황 등을 공유하는 짧은 미팅이다. 일일 스크럼 미팅의 목적은 대부분의 개발이 여러 동료의 협업으로 진행되기 때문에 효율적인 업무 진행을 위해 서로 업무 진행 상황을 공유하고, 스프린트 목표를 달성하는 데 영향을 줄 수 있는 모든 방해 요소를 확인하고 해결하는 데 있다.
- **스프린트 회고**
  스프린트가 종료된 이후에 팀원이 모여 스프린트를 되돌아보고 반성하면서 앞으로 어떤 부분이 개선되면 스프린트가 더욱 효율적으로 진행될 수 있는지 이야기하는 시간이다. 이 시간에 잘한 점(Keep), 개선할 점(Problem), 시도해볼 점(Try)을 공유하기 때문에 KPT 회고라고 부른다. 또는 만족스러운 점(Liked), 배운 점(Learned), 부족했거나 아쉬운 점(Lacked)을 공유하여 3L 회고라고 부르기도 한다. 스프린트 회고는 팀원이 서로 의견을 공유하며 제품이 아닌 구성원과 팀이 함께 성장하는 데 그 목적이 있다.

애자일 방법론은 비즈니스 리스크를 줄이고 젊은 청년들을 구인하는 데 유리한 데다 이를 도입한 쿠팡, 배달의민족, 토스, 야놀자 등 성공한 기업이 여럿 등장하자, 워터폴 방법론으로 운영되던 기업도 점차 애자일 스크럼 개발 방법론(대다수 스타트업이 애자일 방법론과 스크럼 방법론을 함께 도입하므로 뒤에서는 애자일 방법론으로 부르겠다)을 도입하기 시작했다.

그러나 기존의 상명하복의 수직적이고 보수적인 조직문화와 매니저의 역량이나 이해 부족, 변화를 거부하는 구성원 등으로 인해 방법론을 바꾸기가 쉽지 않아, 안타깝게도 대다수 기업이 애자일 조직으로 변화하는 데 실패하고 혼란만 가중되었다.

애자일 방법론의 도입을 시도했던 여러 기업의 이야기를 들어보면, 경영진의 지시에 의해 야심 차게 시도했다가 결국 실패하고, 업무용 메신저인 슬랙이나 **칸반**kanban, 위키 등의 도구만 남았다고 한다. 이런 회사에서는 대내외적으로는 조직이 애자일로 운영된다고 말한다. 경영진이나 매니저는 칸반을 활용해 프로젝트 단위의 큰 개발 범위를 짧은 스프린트 주기로 빠르게 개발하고, 이를 계속 반복하기를 기대한다. 결국 프로덕트 조직은 3개월이나 6개월, 1년 단위로 일정에 쫓기던 경험을 2~4주 기간의 짧은 스프린트 주기로 쫓긴다. 정말 '한국'스러운 현지화와 적용이라고 할 수 있겠다.

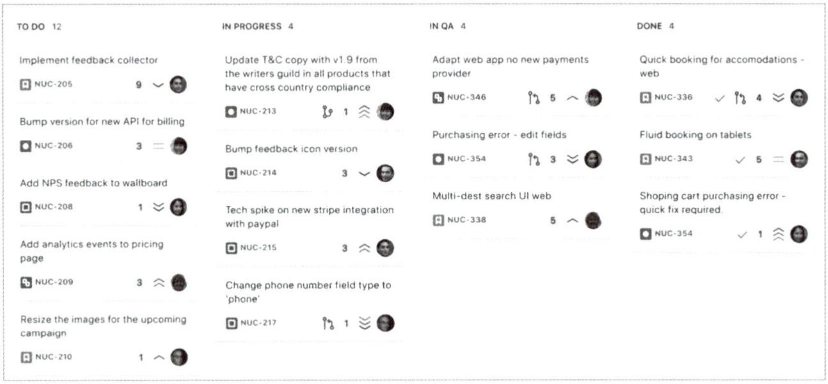

▲ 칸반 또는 칸반 보드(kanban board)는 프로젝트의 진행 상황을 시각화하고 업무 효율성을 극대화하기 위한 애자일 프로젝트 관리 도구로, 지라(jira), 아사나(asana), 스윗(swit) 등이 있다. 워터폴 방법론에서는 프로젝트를 날짜 단위로 관리하기 위해 간트 차트를 사용하지만, 애자일 방법론에서는 날짜 대신 스프린트 주기에 따라 프로젝트를 관리할 수 있도록 To do, In progress, QA, Done 등의 여러 단계로 구성된 보드를 활용해 프로젝트를 관리한다.

이러한 경험을 가진 디자이너, 개발자가 많다 보니, 애자일 방법론과 함께 칸반을 도입하자고 하면 부정적인 반응을 보이거나 반대부터 한다. 애자일 방법론이 제품의 개발을 효율적으로 할 수 있도록 개발된 프레임워크이기 때문에, 디자이너와 개발자가 도입을 찬성하고 프로젝트 관리 및 운영에 많은 시간과 노력을 쏟아부어야 하는 기획자가 반대해야 정상인데 말이다.

2011년, 내가 기획자로서 해외에서 애자일 조직을 처음 경험했을 때 느꼈던 무력감과 상실감을 생각해보면 이해할 수 없는 반응이다. 한국의 수직적인 워터폴 조직에서 일할 때는 기획자에게 여러 역할을 요구하면서 동시에 많은 권한과 책임이 주어졌다. 그래서 기획서를 작성하고 의사결정하며 팀과 제품에 많은 영향력을 행사할 수 있었다. 그런데 내가 외노자이자 이방인으로서 처음 겪은 애자일 조직에서 프로덕트 매니저에게는 이러한 역할과 권한, 영향력이 없었다. 디자이너는 기획서를 작성하기보다는 요구사항을 정리해주면 목업을 바로 만들겠다고 이야기하고, 팀의 리더였지만 대다수 의사결정은 스프린트 플래닝 미팅 등을 통해 구성원이 함께 결정해야 한다고 했다. 도대체 리더이자 프로덕트 매니저로서 무엇을 해야 하는지 갈피를 잡지 못하고 방황했다. 그리고 애자일 조직에서 리더와 프로덕트 매니저의 역할을 이해하고 이를 수행하는 데까지는 3개월이라는 시간이 걸렸다.

애자일 방법론은 '수평적'이고 '효율적'이며 '성장'을 추구하는 문화라고 할 수 있다. 애초부터 수평적이고 효율적인 조직문화를 가지고 있던 영미권 기업에서는 프로덕트 조직을 더 효율적으로 관리하고 운영할 수 있도록 프레임워크나 이를 지원하는 도구를 도입하는 행위에 가까웠을 것이다. 하지만 수직적이고 보수적이며 연공서열이나 정에 기반한 조직 문화를 가진 국내 기업에서는 이는 방법론이라기보다는 문화에 가깝다.

그러나 방법론이라고 하니 이를 도구처럼 쉽게 생각하고 적용하려고 든다. 문화를 바꾸는 것은 관습이나 습관, 가치관, 행동 양식 등을 바꾸는 행위다. 개인의 습관이나 태도를 바꾸는 것도 어려운데, 구성원 모두가 사고나 행동 양식을 함께 바꿔야 하는 방법론의 도입은 왜 그리 쉽게 생각하는지 모르겠다.

애자일 방법론을 도입한 많은 기업에서는 과거 조직문화의 병폐였던 연공서열과 직급 체계를 없애고 '님'이나 '프로' 등으로 호칭을 통일하거나 영어 이름을 사용하며 수평적인 조직문화를 정착시키려고 노력한다. 그러나 스타트업처럼 처음부터 직급이 없으면 이후에 입사한 사람들도 자연스럽게 그런 문화에 쉽게 적응할 수 있을 것이다. 하지만 이미 직책과 직급, 호봉이 있는 조직이 갑자기 서로 영어 이름이나 '님'으로 부른다고 수평적이고 자율적인 조직이 될 수 있을까? 게다가 여전히 연공서열식 인사평가 제도가 있고 상사가 부하 직원을 관리하고 지시하며 업무 평가를 하고 있는데, 과연 수평적이고 자율적인 조직이라고 말할 수 있는지 의문이다. 수평적인 조직이라면 직책이나 직급을 떠나 구성원 모두 동등한 관계에서 서로 평가할 수 있어야 하고, 보상은 호봉이나 연차가 아닌 업무 성과에 기반하여 공정하게 지급되어야 한다. 그러나 현실은 인사평가나 보상 지급 방식을 바꾸는 것은 고사하고, 칸반이나 위키 등의 애자일 도구를 도입하고 임직원이 이에 적응하는 것조차 어렵고 힘들다. 고작 영어 이름을 사용하거나 호칭을 바꾼다고 해서 수직적인 조직문화가 수평적으로 바뀔 리는 없다.

많은 기업에서 애자일 방법론을 시도했으나 대다수가 실패했다. 그렇게 실패한 사람들이 많다 보니 애자일 방법론이나 칸반 등을 도입하자고 하면 무조건 반대하거나 부정적인 반응부터 보인다. 어떤 사람은 과거에 프로젝트 관리자나 매니저로서 칸반을 운영해본 경험이 있다면서 스스로를 애자일 전문가나 스크럼 마스터scrum master라고 이야기하며 자신의 반대 주장에 힘을 실으려고 한다.

나 또한 14년 전 해외에서 애자일 조직을 처음 경험한 후로 국내외 6개 기업에 애자일 방법론을 도입하려고 시도했으나 2개 기업에서만 정착시킬 수 있었고, 나머지 4개 기업에서는 사실상 실패하고 도구만 남았다. 도입에 실패했던 회사의 동료들에게는 미안하지만, 이미 애자일 문화가 정착된 해외에서의 경험을 바탕으로 한국의 조직문화에 도입하려 했으니 당연히 실패할 수밖에 없었다. 그렇게 실패를 경험하면서 이런 저런 노하우가 쌓이고, 충분한 권한이 주어진 상황에서 조직의 특성에 맞게 수정 및 보완을 거듭하며 어렵사리 애자일 방법론을 정착시킬 수 있었다.

국내의 여러 조직에서 애자일 방법론을 정착시키는 데 실패했던 가장 큰 이유는 시니어 기획자 또는 프로덕트 오너로서 업무 도구뿐만 아니라 조직의 구성과 목표 설정 방식, 인사평가 시스템, 보상 지급 방식 등을 모두 변경할 수 있는 충분한 권한을 지니지 못했기 때문이다. 단순히 호칭을 영어 이름이나 '님'으로 바꾸고 칸반이나 위키 등의 애자일 도구를 도입한다고 해서 애자일 방법론을 정착시킬 수 있는 것이 아니다. 역설적이지만, 수평적이고 자율적인 조직문화를 도입하고 정착시키려면 애자일에 대한 높은 이해와 함께 조직의 여러 시스템과 제도를 바꿀 수 있는 강력한 권한과 리더십이 필요하다. 그래서 경영진이 애자일에 대한 높은 이해가 없거나 조직의 구성이나 목표 설정 및 인사평가 방식 등의 시스템과 제도를 바꿀 수 있는 권한이 없는 직원이 애자일 방법론의 도입을 주도하면 실패할 수밖에 없다.

나는 애자일 방법론을 도입하고 정착시키기 위해 주어진 권력이나 권한을 모두 포기하고 한 달 동안 모든 팀을 돌아다니며 애자일 방법론에 대해 수차례 발표하고 설명하며 설득하는 과정을 거쳤다. 그런데도 도구나 프레임워크를 도입할 때마다 끊임없이 반대와 불평, 불만을 들어야 했다. 가끔은 다 포기하고 워터폴 방식으로 돌아가고 싶을 때가 한두 번이 아니었다. 그러나 이 모든 과정을 극복하고 도입한 다음 조직의 상황에 맞게 수정 및 보완하며 구성원이 도구나 프레임워크에 익숙해지자 비로소 애자일 방법론이 조직에 정착되었다. 그래서 초기 스타트업을 제외하고는 애자일 방법론의 도입을 그다지 추천하지 않는다. 오히려 구성원에게 혼란과 분란만 가져오고 실패로 끝날 가능성이 크기 때문이다.

조직에 애자일 방법론이 정착했다고 해서 애자일 조직이 된 것도 아니다. 수평적이고 효율적이며 성장하는 애자일 조직이 되기 위해서는 조직의 구성과 목표 설정 방식, 인사평가 시스템 등 회사의 전반적인 운영 시스템이나 제도가 뒷받침되어야 한다. 그래서 애자일은 방법론이라고 하기보다는 애자일 문화라고 하는 것이 더 적절한 표현이다.

애자일 조직 만들기

조직의 모든 구성원이 공통의 미션과 목표를 가지고 함께 노력해야 한다. 그런데 일반적인 기업에서 하듯 개인별 **KPI**key performance indicator나 **MBO**management by objective를 통한 목표 관리와 이에 따른 상대 평가 방식으로는 공통의 미션과 목표를 달성하기 위해 함께 노력하기보다는 옆에서 일하는 동료보다 좋은 실적과 성과를 만들어 빠르게 승진하거나 높은 성과급을 받으려는 사람이 등장한다. 그래서 팀이나 동료 간에 경쟁은 물론 시기, 질투, 모함이 발생할 수 있다. 매니저들은 목표 달성 가능성을 높이기 위해 최대한 목표를 낮춰 잡으려고 노력한다. 그래서 도전적이기보다는 이전 목표보다 조금 높여 잡는 식으로 목표를 설정한다.

일반적인 조직에서는 구성원 간에 경쟁하여 뛰어나고 야심 찬 한 명의 직원이 압도적인 성과를 만들어내며 조직 전체의 성과를 이끌 수 있다. 하지만 IT 제품을 만드는 프로덕트 조직은 기획자, 디자이너, 개발자 등의 모든 동료가 유기적으로 협업하여 하나의 제품을 함께 만들어야 하므로 상대 평가 방식을 통한 경쟁과 시기, 질투가 조직의 성과나 제품의 성장에는 전혀 도움이 되지 않는다. 프로덕트 조직의 협업 관계는 100m 단거리나 이어달리기보다는 여러 사람이 다리를 하나씩을 묶고 달리는 2인 3각 경기와 같다. 따라서 일반적인 조직과 프로덕트 조직은 다르게 관리하고 평가할 필요가 있다.

또한 상사가 부하 직원을 일방적으로 평가한다면, 부하 직원들은 상사의 비위를 맞추거나 잘 보이기 위해 노력할 것이다. 그리고 상사의 잘못된 지시나 명령에도 반대하지 못하고 따른다. 이런 부하 직원이 좋은 평가를 받아 승진하고 성과급을 지급받으면, 경쟁에서 밀린 사람들은 조직의 미션이나 목표를 달성하려 집중하기보다는 다른 곳으로 관심을 돌린다.

프로덕트 조직의 경우에는 문제가 더 심각하다. 프로덕트 조직을 구성하는 기획자, 디자이너, 개발자 직군은 비교적 이직이 수월한 데다 능력이 좋은 사람이라면 이직 제의를 자주 받는다. 그러니 부당하고 잘못된 상사의 지시나 명령, 어리석은 의사결정을 오랫동안 견디거나 참아주지 않는다. 능력이 뛰어난 직원은 이직할 것이고 결국 이직이 힘든 무능한 사람이나 현실에 안주하는 열정 없는 사람만 조직에 남을 것이다. 그런 조직이 앞으로 어떻게 굴러갈지는 쉽게 예상할 수 있다.

이러한 목표 설정과 평가 방식이 개인의 가치관에 맞지 않거나 팀에 전혀 도움이 되지 않는다며 승진이나 성과급을 번갈아 나눠 갖게 하는 매니저도 있다. 그러면 팀원 간의 경쟁이나 시기, 질투를 줄일 수는 있겠지만 조직의 목표 달성이나 개인의 성장에는 전혀 도움이 되지 않는다. 이런 조직에서 애자일 방법론을 도입한다고 해서 수평적이고 효율적이며 함께 성장할 수 있는 조직문화가 정착되지는 않는다. 결국 좋은 매니저는 될 수 있겠지만, 최악의 리더인 셈이다.

IT 프로젝트의 특성상 원대한 미션과 혁신을 추구하면서, 구성원인 기획자, 디자이너, 개발자 등의 직군이 긴밀하고 유기적으로 협력 관계를 맺고 유지해야 한다. 그러므로 일반적인 기업의 목표 관리와 상대 평가 방식으로 프로덕트 팀의 목표를 설정하고 평가하는 것은 적절하지 않다. IT 기업은 물론이거니와 많은 기업에서 프로덕트 조직의 목표를 어떻게 설정할지, 구성원들을 어떻게 평가하고 동기부여하며 다양한 직군의 이해와 목표를 한 방향으로 일치시킬지 고민하고 연구했다. 그러나 대다수 기업이 KPI나 MBO를 통한 목표 관리와 이에 따른 평가 방식을 그대로 사용하면서 상사 평가나 다면 평가 등을 함께 적용하여 보완하려고 노력했으나 문제가 해결되지는 않았다.

그러다 구글에서 사용하던 목표 설정 방법인 OKR 프레임워크가 공개되면서 많은 스타트업에서 이를 도입하기 시작했다. OKR은 objectives and key results의 약자로, objective는 조직이 달성하고자 하는 원대하고 도전적인 목표를 뜻하고 key result는 목표를 달성했는지 알 수 있는 척도인 핵심 결과를 의미한다. 따라서 다음과 같이 작성한다.

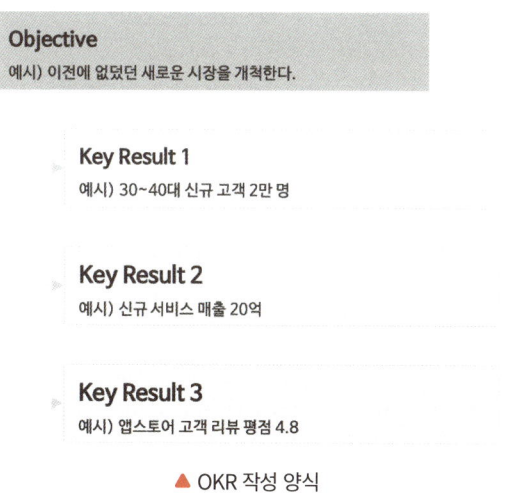

Objective
예시) 이전에 없었던 새로운 시장을 개척한다.

Key Result 1
예시) 30~40대 신규 고객 2만 명

Key Result 2
예시) 신규 서비스 매출 20억

Key Result 3
예시) 앱스토어 고객 리뷰 평점 4.8

▲ OKR 작성 양식

OKR 프레임워크를 활용하면 기업의 미션과 목표를 달성하기 위해 팀(또는 직군)이 분기별로 달성해야 하는 목표를 정하고, 이 목표를 달성하기 위한 핵심 결과를 도출한다. 나는 OKR을 설정하기 위해 다음 그림과 같은 과정을 거친다.

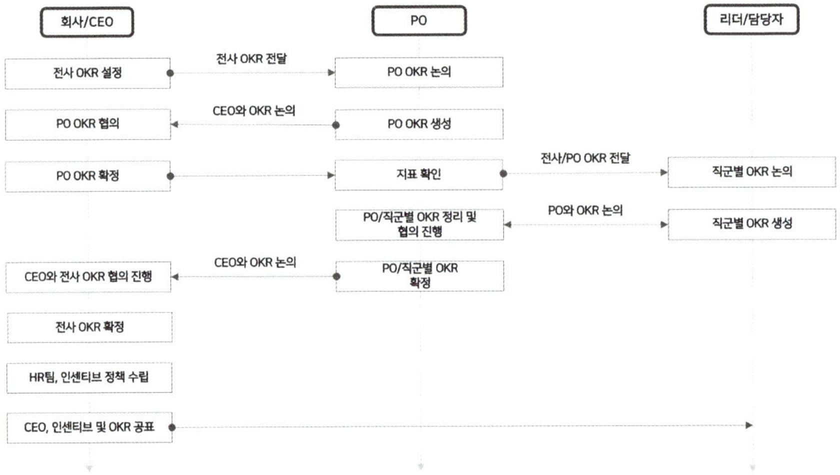

▲ 애자일 조직에서의 OKR 설정 과정 예시

OKR을 설정했다면, 리더는 특정 팀이나 직군별로 정한 OKR이 다른 팀이나 직군의 OKR과 충돌하거나 경합하는지 확인한다. 그리고 경쟁하지 않고 공통의 목표를 향해 협력할 수 있도록 목표와 핵심 결과를 조정한다. 나는 핵심 결과를 지표화한 다음 **AARRR 프레임워크***를 활용하여 팀이나 직군별로 어떠한 지표를 통해 전사 목표 달성에 기여하고 있는지,

* 일명 '해적 지표'라고도 불리는 AARRR 프레임워크는 미국의 스타트업 액셀러레이터인 500 스타트업(https://500.co/)의 창립자인 데이브 맥클루어(Dave McClure)가 2007년에 만든 지표 관리 방법론이다. 고객을 획득해서 수익을 내기까지의 여정(Funnel)을 Acquisition(획득), Activation(활성화), Retention(유지), Referral(추천), Revenue(수익/매출)으로 구분하여, 단계별로 중요한 목표 및 지표를 설정할 수 있도록 돕는다.

	Channel / AD	AARRR Metrics (일명 해적지표) Acquisition 사용자 획득/유치	Activation 사용자 활동	Retention 사용자 유지	Referral 추천	Revenue(Monetization) 매출
	유입경로 분석	순위 분석, 유저환경 분석	사용행태 분석	Funnel 분석	추천 분석	매출 분석
전사 OKR		1 MAU - 3개월 평균 MAU/앱스 기준	2 완독률 - 콘텐츠를 시청한 사람 중 5분 이상 시청한 비율의 3개월 평균/서버 기준	3 리텐션 - 3개월 평균/GA4 기준		4 ARPU - 3개월 평균 매출(+B2B 매출 포함)/서버 기준
PO/개발자			1 OMTM - 전체 유저 중 매주 2번은 10분 이상 시청(운동)한 비율	1 리텐션 - Organic Retention		2 CVR - 구매(정기/약정)전환율
UI/UX디자이너			1 Avg. CVR - 주요 이동 경로의 평균 화면 전환율	2 리텐션 - Organic Retention		
마케터	1 Search Growth Rate - 구글, 네이버 검색 트렌드 기준 2 ROAS	3 CAC - Paid 매체를 통한 유저 획득 비용				
영업/제휴	1 고객유치성장율	2 시장점유율				3 매출 성장율
운영				1 재활성화율	2 SNS Share Rate	3 ARPU
CS				1 Churn rate	2 NPS 3 별점/리뷰	

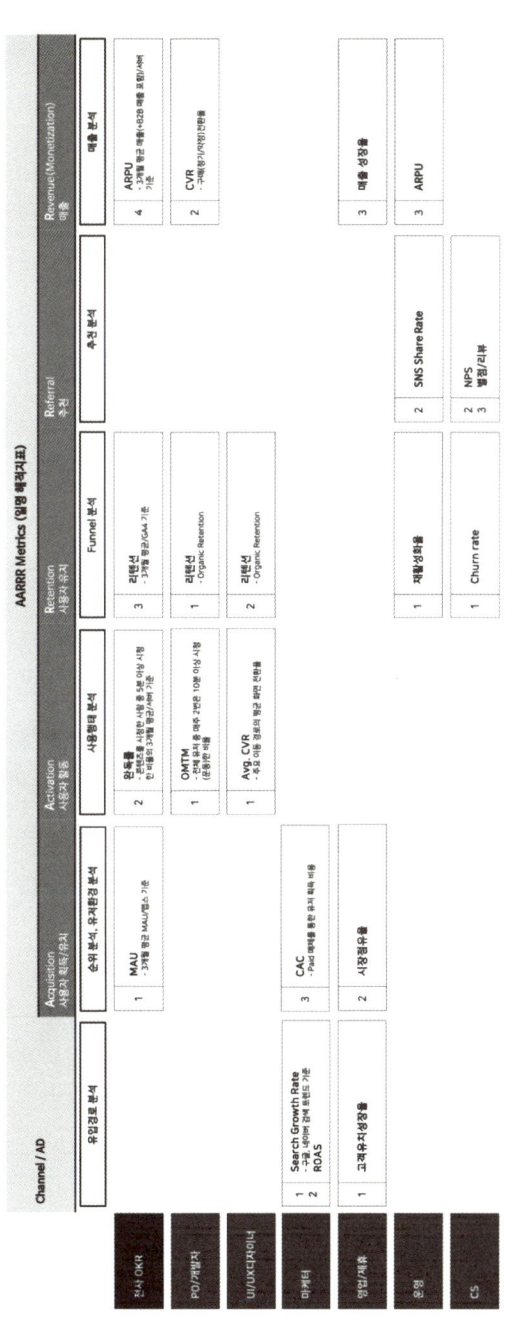

▲ OKR을 반영한 AARRR 지표 모델 예시

또 어떤 팀이나 직군과 협력하여 공통의 전사 목표를 달성하기 위해 노력해야 하는지 쉽게 확인할 수 있도록 앞의 예시 그림과 같이 작성하여 공유한다. 즉, OKR은 조직의 목표 설정에 활용하고, 팀이나 직군의 정확한 성과 평가 및 이에 따른 보상 지급을 위해 핵심 결과를 지표로 변환한 KPI와 AARRR 프레임워크를 함께 사용한다. 글로 설명하면 어렵고 복잡해 보이지만 예시 그림을 참고하면 이해하기 쉽다. 다만 KPI로 사전에 정한 목표에 따른 달성률을 측정하지 않고 이전 수치 대비 성장률을 측정한다는 점에서 차이가 있다. 달성률은 100%를 초과할 수 없지만, 성장률에는 한계가 없기 때문이다.

팀과 개인별 KPI나 MBO를 통한 목표 관리와 상사나 동료 평가 등을 통한 상대 평가 방식으로 팀이나 동일 직군 간에 줄을 세워 등급을 매기고 이에 따라 승진이나 성과급 등의 보상을 지급하는 방식은 프로덕트 조직을 망가뜨리는 지름길이다. OKR을 통해 공통의 목표를 달성하기 위해 구성원이 함께 노력하고 그 성과에 따라 공정하게 보상을 지급해야 수평적이고 자율적인 애자일 조직을 만들 수 있다.

그러나 1장 '성장에 무관심한 회사'에서 이야기한 바와 같이 OKR을 기반으로 제품과 관련된 지표 중심으로만 성과를 평가하면, 회사나 제품의 성장에만 집중하고 구성원의 발전과 성장에 대해서는 관심과 노력이 덜해진다. 또한 팀이나 직군 내에서 좋은 성과를 만드는 데 크게 기여한 사람과 그렇지 않은 사람이 똑같이 보상받으면, 성과를 낸 사람은 불만이 생길 수 있다. 동기를 부여하려 지급하는 보상이 오히려 동기를 떨어뜨리고 무임승차 효과를 유발하는 것이다. 따라서 수평적인 조직에서 구성원이 함께 성장하는 조직을 만들기 위해서는 동료끼리 신뢰나 심리적 안정감을 유지하면서도 서로 자극하고 긴장감을 유지할 필요가 있다. 이를 위해 애자일 조직에서는 **스프린트 회고**sprint retrospective와 **동료 평가**peer review를 한다.

스프린트 회고는 스프린트가 종료된 이후에 구성원들이 모여 앞으로 어떠한 부분이 개선되면 스프린트가 더욱 효율적으로 진행될 수 있는지 이야기하는 시간이다. 애자일 방법론에서 조직과 구성원이 함께 성장할 수 있는 중요한 과정이다. 그래서 나는 스프린트가 종료되는 금요일 오후 4시에 2~3시간에 걸쳐 스프린트 리뷰와 함께 스프린트 회고를 진행한다. 스프린트 회고는 서로 성장하는 것이 목적이므로 비난과 비방을 삼가야 한다. 따라서 문제를 제기할 경우에는 해결책을 함께 제시해야 한다. 그래야 건설적인 논의와 피드백이 가능하기 때문이다. 그러나 스프린트 회고만으로는 무임승차를 막을 만큼의 견제 효과를 거두거나 긴장감을 주지는 못한다.

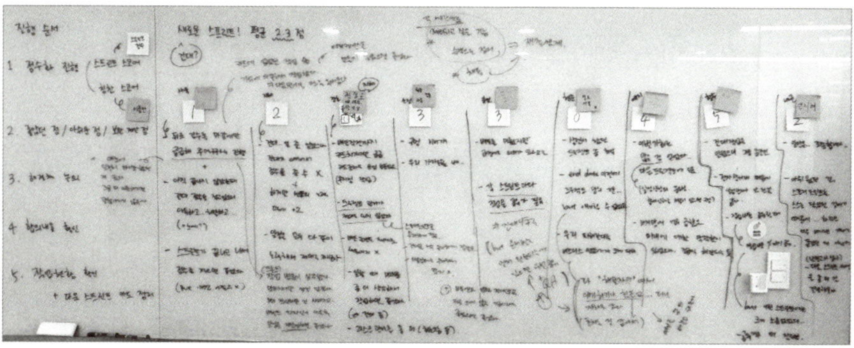

▲ 스프린트 회고는 회사와 제품이 아닌 조직과 구성원이 함께 성장하는 데 그 목적이 있다. 제품을 만드는 사람들이 성장해야 회사와 제품도 성장할 수 있다.

따라서 동료 간에 서로 견제하며 긴장감을 유지하기 위해 분기별 OKR 평가와 함께 동료 평가를 진행한다. 그러나 동료 평가 또한 분기별로 진행하다 보니 그 주기가 길어 평가 시즌에나 영향을 미치지, 평상시에는 효과가 없다. 게다가 평가 솔루션 등을 통해 비공개로 진행되는 데다 첫인상이 평가에 많은 영향을 미치는 **초두효과**primary effect나 최근의 행태가 많은 영향을 미치는 **최신효과**recency effect 등에 의해 동료를 평가할 수 있어서 평가 결과에 대해 객관성과 신뢰성을 확보하기가 어렵다. 그래서 평가 결과에 대한 논란과 불만이 끊임없이 터져 나온다. 또한 분기 말에는 업무 마감과 함께 OKR을 정리해야 해서 다들 정신이 없다. 그래서 업무에 방해되지 않도록 짧은 일정으로 동료 평가를 진행하다 보니 형식적인 절차에 그치는 경우가 많다. 구성원끼리 지속적으로 자극을 주며 동기를 부여하고, 무임승차를 막으면서 객관성 있게 평가하고 보상을 지급하며, 형식적인 절차에 그치지 않고 실질적인 성장에 도움이 될 수 있는 개인 평가 방식이 필요하다. 이에 대해서는 14장 '레이드 방법론'에서 자세하게 이야기하겠다.

그런데 워터폴 조직에서 OKR에 따른 목표 설정 및 성과 평가 방식을 도입하려고 들면, 애자일 방법론이나 도구를 도입할 때보다 더 큰 반대와 저항에 부딪힌다. 수직적인 문화와 권력에 익숙한 매니저는 매니저로서 지위나 권력, 생존을 위협받는다고 여겨서 심하게 저항한다. 부하 직원에 대한 인사 평가 권한도 없고 보상에 직접적인 영향을 미칠 수도 없다면 팀원들을 관리하고 이끌어가기 어렵다며 도입을 반대하기 때문이다. 따라서 경영진이나 이를 도입하고자 하는 주체가 강력한 권한과 리더십을 발휘해야 한다.

애자일 문화만으로는 서로 다른 가치관과 성향을 가진 구성원을 지속적으로 자극하며 동기를 부여하기는 어렵다. 게다가 애자일 문화가 구성원들이 일에 집중하거나 몰입할 수 있는 문화나 시스템을 제공하지는 않는다. 결국 구성원 개인의 역량과 노력에 의지할 수밖에 없다. 성공하는 애자일 조직을 만들기 위해서는 많은 고민과 노력이 필요하다.

수평적 조직문화의 실패

수평적이고 자율적인 조직문화는 많은 장점이 있지만, 이에 적응하지 못하거나 악용하는 몇몇 사람들로 인해 정착시키고 유지하기가 쉽지 않다. 애자일 조직에서는 짧은 스프린트 주기로 업무를 진행하다 보니 비교적 문제를 빠르게 파악하고 개선할 수 있다. 그리고 실수나 문제를 통해 구성원들이 배우고 학습하며 성장할 수 있다는 장점도 있다. 또한 스프린트 플래닝 미팅이나 스프린트 회고 등을 통해 일방적이고 독단적인 의사결정으로 업무가 진행되는 것을 막거나 견제할 수도 있다. 그러나 대다수 조직에서 이런 프레임워크나 과정이 잘 운영되지 않는다.

수평적이고 자율적인 조직문화가 잘 유지되려면 여러 문제가 발생했을 때 리더나 특정한 개인의 역량이나 노력에 의존하기보다는 시스템이나 프로세스를 통해 문제를 해결해야 한다. 다른 한편으로 문제의 해결도 중요하지만, 문제를 해결해나가는 과정과 절차도 중요하다. 이러한 과정과 절차가 반복되며 조직의 문화가 형성되기 때문이다. 개인에 의존해서 조직의 문제를 해결하면, 수평적이고 자율적인 조직문화가 점차 수직적인 문화로 바뀌어간다. 따라서 리더의 중요한 역할 중 하나는 문제를 해결하는 데 어떤 시스템이나 프로세스가 필요한지 판단하고, 이를 구성원과 공유하며 모두 공감하고 동의할 수 있는 시스템이나 프로세스를 함께 만드는 것이다. 그리고 수평적이고 자율적인 분위기나 환경을 조성하면서 함께 만든 시스템이나 프로세스를 잘 관리하고 유지해야 한다. 이러한 리더의 역할에 대해서는 6장 '리더의 역할'에서 자세히 다루도록 하겠다.

그러나 유교적 사고방식과 문화를 가진 한국 사회에서 수평적이고 자율적인 조직문화를 만들고 유지하기가 생각보다 쉽지 않다. 구성원들조차 리더에 의존하려는 경향이 강하다. 따라서 많은 조직이 수평적이고 자율적인 조직문화를 도입하지 못한다. 경영진이나 매니저에게 문제가 있는데 단기간에 손쉽고 편한 방법으로 문제를 해결하려다 보니, 구성원과 함께 시스템이나 프로세스를 만들기보다는 규정과 규제만 늘어난다. 이는 앞서 이야기한 시스템이나 프로세스와는 다르다.

게다가 스타트업은 교육 훈련의 기능을 상실했기 때문에 리더로서의 역량이나 준비가 부족한 상태에서 리더 역할을 덜컥 맡기면 실패할 수밖에 없다. 그래서 대기업에서 조직 관리 및 운영 경험이 많은 경력자를 리더로 영입한다. 그러면서 초기 멤버들이 리더와 문화 충돌이나 상대적 박탈감을 느끼고 퇴사한다.

스타트업 조직이나 문화, 시스템, 구성원을 이해하고 공감하지 못하는 매니저를 채용했다면 이러한 문화와 시스템을 이해할 수 있도록 업무나 성과에 대한 부담 없이 보고 배우며 준비할 수 있는 시간을 충분히 제공해야 한다. 그렇지 않으면 빨리 성과를 보여줘야 한다는 조급함 때문에 오히려 실패한다. 그러나 대다수 회사는 채용한 후에 '어디 두고 보자!'라는 식으로 의심하며 수습 기간을 앞으로 함께할지 아닐지를 결정하는 시간으로 생각한다. 그러면 그 매니저는 기존에 자신이 가장 자신 있고 잘하던 방식을 그대로 적용하려고 한다. 이는 매니저의 잘못이라기보다는 사실상 회사와 경영진의 잘못이다. 많은 매니저들이 의도치 않게 입사 후 3개월 동안 가장 많은 실수를 저지르는 이유다.

물론 특정한 방법론이 나쁘거나 비효율적이라고 생각하지 않는다. 워터폴이든 애자일이든 장단점이 있기 마련이고, 이는 회사의 도메인이나 조직의 구조, 구성원의 성향이나 가치관, 프로젝트의 특성, 프로덕트의 유형 등에 따라 다를 수밖에 없다. 따라서 구성원이 함께 적합한 방법론을 채택하고, 실제로 운영하면서 수정하고 보완하며 최적화하는 과정이 중요하다.

그러나 현실은 특정한 방법론만 옹호하거나 비난하고, 도입을 시도조차 하지 못하도록 반대하는 경우가 많다. 중요한 것은 방법론이 아니라, 조직에 맞는 방법론을 구성원들이 함께 고민하고 만들어갈 수 있는 환경과 분위기, 변화를 시도하려는 노력이다. 그러나 구성원이 그런 논의나 시도조차 할 수 없는 조직이 많다는 것이 가장 큰 문제다.

▼ 애자일 방법론과 워터폴 방법론의 비교

구분	애자일 방법론	워터폴 방법론
특징	짧은 개발 주기(스프린트)에 따른 반복적인 개발	전체 프로젝트 계획 후 기획, 디자인, 개발의 명확한 단계 구분 및 순차적인 개발
장점	• 고객 참여 및 피드백 반영으로 고객 만족도 향상 • 변화에 유연하게 대응 • 팀워크 및 협업 강화 • 지속적인 개선 및 성장	• 명확한 계획 및 높은 예측 가능성 • 품질 관리 용이 • 책임 소재의 명확
단점	• 지속적인 관리 및 의사 소통 필요 • 스크럼 마스터 등의 숙련된 전문가 필요 • 초기 도입 및 적응의 어려움	• 변화에 취약 • B2C 서비스의 경우, 실패 가능성 증가 • 초기 계획 변경의 어려움
도구	• 칸반 보드, 위키, 스프린트 플래닝 미팅, 일일 스크럼 미팅, 스프린트 회고 등	• WBS, 간트 차트, MS 오피스
적합한 프로젝트	• 고객 피드백이 중요한 B2C 서비스 • 리소스가 부족한 스타트업 프로젝트	• 명확한 요구사항이 정의된 프로젝트 • 변화 가능성이 낮은 프로젝트 • 대규모 프로젝트에 용이 • 품질 관리 및 명확한 책임 소재가 필요한 프로젝트

6

리더의 역할

워터폴 조직에서 애자일 문화를 도입할 때 가장 큰 장애물은 수직적인 조직문화와 권한에 익숙한 매니저들이 수평적인 애자일 문화에서 리더 역할을 제대로 수행하지 못한다는 것이다. 인사 평가 권한도 없고 성과급 지급이나 휴가 등에 영향을 미칠 수도 없어서 팀원을 관리하고 이끌어가는 것이 어렵고 힘들다고 하소연한다. 그러나 이는 애자일 문화에 대한 이해나 경험이 부족하여 애자일 조직에서의 리더의 역할을 워터폴 조직의 매니저와 같다고 생각하기 때문이다. 따라서 워터폴 조직에서 애자일 문화를 성공적으로 도입하기 위해서는 매니저가 리더와의 차이를 이해하고 리더로서 새로운 역할을 받아들여야 한다.

매니저 vs. 리더

애자일 조직에서는 수평적이고 자율적인 문화를 유지하기 위해 영어 이름으로 부르거나 '님'으로 호칭하며, 사원, 대리, 과장, 차장, 부장 등의 연공서열에 기반한 수직적인 직급 체계가 없다.

다만 경력이나 역량에 따라 스킬이나 지식을 가르쳐주거나 조언하는 동료에게 존중이나 감사의 의미를 담아 '시니어'라는 수식어를 붙인다. 그러나 워터폴 조직에서의 과장과 사원의 관계와는 달리, 시니어라고 해서 특별히 권한이나 책임을 가지고 있지도 않고 주니어에게 일방적으로 명령하고 지시하지도 못한다. 따라서 워터폴 조직에서의 사수와 부사수의 관계하고는 다르다.

그래서 시니어는 상대적으로 책임감이나 부담감이 적어 애써 자신의 시간을 할애하면서까지 신입이나 주니어 동료를 교육하려 들지 않는다. 게다가 대기업처럼 잘 짜인 임직원 교육 프로그램도 없고, 각자의 업무도 과중한 데다, 워라밸을 중시하는 사회적 풍조와 재택근무의 확산으로 인해 시간을 내기가 더욱 어려워 신입이나 주니어를 방치하는 경우가 많다. 그래서 주니어는 개인의 역량과 노력에 의존하여 성장할 수밖에 없다. 배움과 성장에 목마른 열정 많은 주니어는 사교육 시장을 찾게 된다. 사교육 시장이 갈수록 커지는 이유다. 그러나 사교육을 통해 이론 중심으로 배우고 학습하면 정작 실무에서 실력이 따라주지 않는 경우가 많다.

애자일 조직에도 조직의 운영과 관리의 역할을 수행하는 리더나 팀장 등의 직책이 있다. 하지만 하향 평가를 통해 구성원의 인사고과나 보상 등에 일방적인 영향을 미치지 못하며, 팀원들의 계약 연봉이나 성과급 등에 대해서도 알지 못한다.

실제로 나는 해외의 애자일 조직에서 팀의 리더이자 프로덕트 매니저로 1년 동안 일했지만, 한국으로 돌아오는 날까지도 팀원들의 정확한 나이나 연봉을 알지 못했다. 업무 외에 내가 알고 있었던 개인정보는 이력서를 통해 파악한 학력과 경력 정도였다. 이런 점만 보면 팀원들과의 관계가 좋지 않았을 것이라 생각할 수도 있겠지만, 외국인 리더 중에서는 누구보다도 팀원들과 좋은 관계를 유지했다고 자부한다.

▲ 팀원이 핸드 메이드로 이름까지 새겨서 정성스레 만든 생일 케이크를 받을 정도로 동료와 관계가 좋았다.

또한 리더는 팀원들에게 업무를 일일이 명령하거나 지시하지 않고, 근태를 감독하거나 관리하지도 않는다. 스타트업에서는 자율 출퇴근제나 탄력 근무제를 도입하거나 코로나 이후 재택근무나 **워케이션**worcation*을 지원하는 회사도 많아서, 사실상 리더가 근태 관리를 하기가 쉽지 않다. 그리고 업무 성과와 동료 평가를 통해 평가 및 관리가 이루어지다 보니 근태 관리의 필요성도 낮아졌다. 리더의 역할은 구성원에 대한 마이크로 매니징이 아니라, 조직의 목표와 방향을 설정하고 구성원들이 목표를 효과적으로 달성할 수 있도록 지원하며 조직과 제품의 성장과 혁신을 추구하는 것이다.

워터폴 조직의 매니저는 질서와 안정을 추구한다면, 애자일 조직의 리더는 성장과 혁신을 추구한다. 이 차이를 이해하고 역할을 수행해야 매니저가 아닌 리더가 될 수 있다.

리더의 역할

그렇다면 애자일 조직에서 좋은 리더란 어떠해야 할까? 개인의 실력과 역량이 뛰어나서 보고 배울 게 많아야 할까? 아니면 조직의 성과를 이끌고 만들어내는 것일까? 인격과 인성이 훌륭해서 누구나 존경할 만해야 할까? 이 모든 것을 다 잘해야 할까? 인터넷에서 '리더'를 검색해보면, 리더는 이러저러한 자격이나 조건을 갖추고 있어야 한다고 이야기한다. 이 세상에 과연 리더가 존재할 수 있는 사람인가 싶을 때가 많다. 각

* 워케이션이란 일(Work)과 휴가(Vacation)의 합성어로, 휴가지 또는 관광지에서 휴식하면서 원격으로 업무를 보는 근무 형태다.

자의 바람과 희망을 담아 리더는 이래야 한다고 이야기하고 있으니 이것이야 말로 리더의 신격화가 아닌가 싶다. 정작 그렇게 이야기하는 사람들은 직장 생활에서 스스로 그런 리더였는지 묻고 싶다.

수많은 관리자를 만났지만, 관리자마다 서로 다른 장단점이 있었다. 내가 보고 배운 사람들조차 매니징 스타일이나 성향이 제각각이었다. 구성원들도 각자의 가치관이나 성향에 따라 생각하는 이상적인 리더의 상이 달랐기 때문에 좋은 리더의 판단 기준 또한 다를 수밖에 없다. 그러니 사람들이 말하는 조건을 모두 갖춘 리더는 세상에 있을 수 없을뿐더러, 설령 있어도 누군가는 최악의 리더로 평가할지도 모른다.

그러나 한국 사회에서는 리더 개인의 역량과 노력에 의존해 조직이 잘 관리되고 운영되어야 한다고 생각하는 경향이 강하다. 또한 조직 내에 문제가 발생하더라도 리더가 앞장서서 해결해야지 다 함께 해결해야 한다고 생각하지 않는다. 관리자들 또한 이를 지극히 당연하게 받아들인다. 그러니 구성원들은 문제를 해결하지 못하는 리더를 욕할 뿐이고, 리더는 문제를 해결하려다 잘못된 선택과 결정을 하며 악수를 두기도 한다. 그러면서 조직은 더욱 수직적이고 보수적으로 변한다.

일부 구성원들은 수평적이고 자율적인 조직문화에 따른 책임이나 의무에는 관심이 없고 자신의 권리만 주장하고 혜택만 누리려고 든다. 자유와 평등을 누리고 유지하기 위해서는 많은 책임과 의무가 따른다는 사실을 가볍게 여기는 것 같다. 어렵고 힘든 상황이나 문제에 직면했을 때, 책임과 의무를 다하라고 요구하면 권리를 쉽게 포기한다. 때로는 책임과 의무를 다하지 않아 누리던 자유와 평등을 빼앗기기라도 하면 불만이나 짜증을 낼 뿐이다.

결국 회사는 비즈니스 리스크를 줄이고 기업 경쟁력을 높이기 위해 애자일 문화를 받아들이며 애자일 조직으로 변화하려 하지만, 정작 회사나 구성원 모두 애자일 조직을 만들기 위한 이해나 노력, 준비가 부족하다. 그래서 변화하는 데 실패하면, 회사는 구성원 탓을 하고 구성원들은 회사 탓을 한다.

그럼에도 불구하고 누군가는 리더의 역할을 수행해야 한다. 수평적이고 자율적인 애자일 조직에서 리더는 어떠한 역할을 수행해야 하는지 살펴보면서 필요한 역량이나 노력을 알아보자. 애자일 조직에서 리더의 중요한 역할 중 하나는 회사의 미션이나 제품의 가치에 공감하고, 이를 반드시 실현하고 싶어 하는 목적의식이나 소명의식을 가진 사람을 채용하는 것이다. 그래야 동료들끼리 공통의 미션과 목표를 달성하기 위해 협력하고 노력하며, 서로 알려주고 배우며 함께 성장할 수 있다. 이것이 리더가 채용이라는 행위를 통해 구성원이 시너지를 내게 하는 방법이다.

그러나 리더로서 이런 역량과 실력이 없으면 세력을 키우며 정치질을 하려고 든다. 권력이나 권위에 도전하는 구성원을 채용하며 몇 차례 후회한 경험이 있다면, 그 해결책으로 말 잘 듣고 시키는 일이나 잘하는 후배나 관리가 편할 것 같은 사람들만 골라 채용하는 것이다. 이렇게 채용된 사람이 회사의 미션이나 제품의 가치에 공감할 리 없고, 소명의식이나 사명감을 찾아보기도 어렵다.

매니저의 중요한 역할은 조직의 질서와 안정을 유지하는 것이기 때문에 구성원이 퇴사나 이직을 하지 않도록 잘 관리하고 운영하는 것이 중요하다. 따라서 가끔은 술도 한잔 마셔가며 좋은 형님과 동생의 관계를 유지하는 것이 조직에 도움이 될지도 모르겠다. 그러나 리더는 끊임없이 조직과 제품의 발전과 성장, 나아가 혁신을 추구해야 하기 때문에 조직의 미션이나 제품의 가치에 공감하지 않고 조직의 성장이나 혁신에 도움이 되지 않는 동료는 채용하지 않아야 한다. 설령 채용했더라도 자신의 실수나 잘못을 인정하고 비난과 욕을 감수하면서까지 해고할 수 있어야 한다.

리더는 구성원에게 미션과 목표를 강조하며 한 방향으로 나아갈 수 있도록 비전을 제시하고 동기를 부여해야 한다. 그러려면 일과 관련해서는 개인적인 탐욕이나 이해관계 등을 드러내지 않고, 순수하게 제품의 미션과 가치를 믿고 따르며 목표에만 집중하는 모습을 보여줘야 한다. 즉, 구성원들이 리더의 언행과 태도에서 미션에 대한 순수한 열정과 진정성을 느낄 수 있어야 한다는 말이다. 그런데 리더가 주식이나 코인 이야기나 하거나 좋아서 하는 일이 아니라 먹고살려고 일한다는 식으로 말한다면, 누구도 그의 말을 믿고 따르지 않을 것이다.

리더는 회사의 미션과 제품의 가치, 조직의 목표를 열성적으로 반복해서 이야기해야 한다. 놀라운 사실은 그렇게 반복해서 이야기하다 보면, 어느 순간 본인도 믿게 되면서 겉과 속이 일치한다는 것이다. 생각과 행동을 반복하다 보면 자신도 원래 그런 사람이었던 것처럼 스스로 믿는다. 그래서 리더가 반복해서 이야기하다 보면 구성원들도 회사의 미션과 제품의 가치를 진심으로 믿고 따르며 소명의식이나 사명감을 느낄 것이다. 그런데 리더로서 일과 관련된 이야기만 하고 개인적인 이야기나 속마음을 잘 꺼내놓지 않다 보면, 회사 생활이 외롭고 고독할지도 모르겠다. 그러므로 멘토와 같은 역할을 해주는 사람이 필요하다.

또한 리더는 구성원들이 수평적이고 자율적인 조직문화에서 조직문화 서로 협력하여 목표를 달성할 수 있도록, 각자의 역할과 책임을 명확히 하고 업무를 조율하며 업무 진행 시에 발생하는 장애물이나 병목을 빠르게 제거해주어야 한다. 그래서 '일일 스크럼 미팅(또는 일일 스탠드업 미팅)'이라고 불리는 미팅을 매일 오전마다 진행한다. 매일 시간을 정해 서로의 작업이 어떻게 진행되고 있는지 공유하고 확인하는 것이다. 이 미팅의 가장 중요한 목적은 스프린트 목표를 달성하는 데 영향을 줄 수 있는 모든 방해 요소를 파악하고 해결하는 데 있다. 따라서 업무 진행 상황과 함께 일을 하면서 겪거나 예상되는 장애물을 공유한다. 리더는 공유된 장애물을 빨리 해결하여 업무를 효율적으로 진행할 수 있도록 한다.

미팅은 팀원마다 2분을 넘지 않는 선에서 중요한 내용만 짧고 간결하게 공유한다. 자리에 서서 진행하기에 '스탠드업 미팅'이라고 부른다. 그런데 스탠드업 미팅이 정확한 내용을 공유하지 못하거나 중요한 내용을 빠뜨리는 경우가 많아 사실상 효과적이지 못하다. 게다가 어제 어떤 작업을 했고 오늘은 어떤 작업을 할지 공유하다 보니 워터폴 조직에서 매니저에 업무 보고의 목적으로 진행하는 일일 업무 보고나 업무 회의 시간으로 전락하는 경우가 많다.

따라서 리더는 일일 스크럼 미팅이 일일 업무 보고로 전락하지 않도록 노력해야 한다. 스크럼 미팅의 내용을 잘 기록하고, 미팅 후 칸반 보드의 작업 상태와 스크럼 미팅에서 공유된 업무 진행 상황이 일치하는지 확인한다. 그리고 일치하지 않는 경우에는 그 이유를 확인하고 상태값을 일치시켜야 한다. 구성원들은 스크럼 미팅에서 겪거나 예상되는 장애물을 공유하고, 리더는 이를 빠르게 해결해준다. 그러면 스프린트 리뷰 시에 계획했던 작업이 왜 마무리되지 않았는지 그 이유와 책임을 작업자에게 물을 수 있다. 반면에 작업자들이 장애물을 공유했는데도 리더가 장애물을 제거해주거나 이를 위해 노력하지 않았다면 리더에게 책임을 물을 수도 있다.

나는 자리에 서서 진행하는 스탠드업 미팅의 형식이 내용의 기록과 공유가 불편하고 번거로운 데다 탄력 근무제나 재택근무가 확산되면서 대면이 어렵다 보니, 업무용 메신저인 슬랙을 통해 글로 작성하여 공유하는 것을 선호한다.

모든 구성원이 정해진 시간까지 스크럼을 작성 및 공유하고, 모두 이를 확인할 수 있도록 해야 한다. 업무를 오전 10시에 시작하면, 10시 10분까지는 구성원 모두가 스크럼을 작성해 스크럼을 읽고 업무를 시작할 수 있도록 한다. 빠르게 작성할 수 있도록 양식을 제공한다. 또한 스크럼을 작성하며 하루를 즐겁게 시작할 수 있도록 재미 요소나 장치를 적용하는 것도 좋다. 이에 대한 자세한 내용은 14장 '레이드 방법론'에서 자세히 다루도록 하겠다. 리더는 공유된 장애물을 확인하고, 이모지나 댓글을 남겨 확인 여부를 알린 다음 이를 해결해주기 위해 노력한다. 마찬

오늘 하루 컨디션은 어떠신가요? 표현이 어렵다면, 1-10점 중에 말씀해주셔도 좋아요!

6점. 보통입니다!

직전 working day(영업일)에 진행한 일에 대해 공유해주세요 (업무 진척도 0~100% 표시)

1. [INFRA] 사무실 <-> AWS 개발/운영계 통신 구간 구축 및 설정을 위한 VPN 장비 세팅 논의 - 30% (베스핀글로벌과 통신 구간 설정 논의 중)
(https://shinhanhealthcare.atlassian.net/browse/HFT-759)

2. [BE / 면접] 이지영님 면접 질문 준비 및 면접 진행 - 100%

3. [FE / 과제 체크] FE 5년차 이수연님 과제 제출한 부분 확인 w/맥스, 리누스 - 50%

4. [BE / RDB] 최영재 강철홈트 4강 > 프론트레이즈 섹션 구간 및 세트 종료 데이터 수정 - 100%
(https://shinhanhealthcare.atlassian.net/browse/HFT-772)

5. 차주 입사하는 백엔드 개발자 분들을 위한 온보딩 회의 준비 - 80%

직전 working day(영업일)에 업무 진행 시 겪었거나 앞으로 예상되는 장애물 등 이슈가 있다면 공유해주세요

- 현재 클래스 별 레슨 별 각 동작 세트 시작/종료 시간 데이터 QA가 별도의 지라 이슈로 관리가 돼야할 것 같습니다!

오늘은 어떤 업무를 집중할 계획인가요? (예상 소요 시간도 적어주시면 좋아요)

1. 사무실 자리 이동

2. 사무실 공인 아이피 수정된 부분 AWS 보안그룹에 정책 적용

3. [INFRA] 사무실 <-> AWS 개발/운영계 통신 구간 구축 및 설정을 위한 VPN 장비 세팅 논의 - 50% 목표 (베스핀글로벌과 통신 구간 설정 논의 중)
(https://shinhanhealthcare.atlassian.net/browse/HFT-759)

4. 주리, 노아 백엔드 온보딩 회의 진행 - 40% 목표 (두 분 모두 사진 촬영 갔다오시고 나서 오후에 줄곧 내내 진행 예정)

오늘 집중 근무시간은 몇 시부터 몇 시인가요? (이 시간에는 노-터치 !)

오후 1시 - 2시, 오후 3시 - 6시

하고 싶은 이야기 있으면 공유해주세요! (예시: 오늘 점심밥 뭐드실...?)

우선, 루이스, 주리, 노아 세 분이 합류해주셔서 든든하네요! 환영합니다

사무실 공인 아이피가 바꼈습니다. 참고부탁드립니다

(재택이 아닐 경우) 오늘 드시고 싶은 점심 메뉴가 있을 경우 공유해주세요^^

새로오신 분들이 드시고 싶어하는 걸로 가야죠!

▲ 슬랙을 통한 일일 스크럼 미팅 예시

가지로 모든 구성원도 동료가 공유한 내용을 확인했다는 이모지를 남겨서 스크럼이 혼자만의 일기장이 되지 않도록 한다.

애자일 조직에서 리더는 조직이 효율적으로 관리 및 운영되고 구성원이 함께 성장할 수 있도록 모두가 동의하고 공유할 수 있는 일관된 원칙과 기준, 문화, 규범 등을 담은 시스템과 프로세스를 만들고 관리해야 한다.

구성원들이 자유롭게 이야기하고 논의하며 시스템과 프로세스를 만들거나 제거할 수 있는 분위기와 환경을 조성한다. 그리고 구성원들의 협의하에 만들어진 시스템과 프로세스를 유지하고, 반대로 불필요하고 효율성을 떨어뜨리는 시스템과 프로세스는 제거한다.

그러나 조직 내외에서 발생하는 모든 사안과 문제를 시스템과 프로세스로 처리하고 해결해나가는 것이 생각보다 쉽지 않다. 예외가 필요한 상황이 발생할 수도 있는데 원칙과 기준을 지키기 위해 어쩔 수 없이 시스템과 프로세스에 따라 해결하는 것도 문제이기 때문이다. 그렇다고 리더가 사안마다 일방적으로 예외적인 선택과 결정을 내리면, 시스템과 프로세스에 대한 구성원의 믿음과 신뢰가 사라지며 정상적으로 동작하지 않는다. 따라서 불가피하게 예외적인 선택과 결정이 필요하다면, 구성원들에게 합리적인 이유를 설명하고 이해와 양해를 구할 필요가 있다. 한두 번 예외를 두거나 원칙을 깨기 시작하면, 조직은 권위적이고 수직적인 조직으로 변해간다.

리더는 소수이고 구성원은 다수라서 조직의 관리 및 운영을 온전히 리더 개인의 역량 및 노력에 의존하는 것은 문제가 있다. 발생하는 모든 사안을 1:1로 처리하거나 해결하는 것은 효율적이지 못하다. 조직이 제대로 관리 및 운영되지도 않을뿐더러 리더가 번아웃이 올 가능성이 높다. 물론 특별히 중대한 사안이라고 판단되면 개별적으로 처리하기 위해 노력할 수도 있다. 하지만 모든 일을 매번 그렇게 처리해서는 안 된다. 게다가 반복되는 이슈나 문제라면, 시스템과 프로세스를 만들어서 처리하고 해결해야 한다.

또한 리더는 발령이나 퇴사 등의 사유로 언제든지 조직을 떠날 수 있다. 그러므로 리더 한 명의 역량과 노력에만 전적으로 의존하는 것은 조직을 위해서도 바람직하지 못하다. 리더가 바뀔 때마다 혼란이나 갈등을 겪거나, 예전 리더와 비교당하며 적응하는 데 오랜 시간이 걸릴 수도 있기 때문이다.

리더는 구성원 한 명의 편의나 안정, 성장보다는 조직 전체의 발전과 성장, 혁신을 우선해야 한다. 모두에게 좋은 리더가 될 수 없고, 그러려고 노력해서도 안 된다. 때에 따라서는 조직의 발전이나 구성원의 성장을 위해 냉정하고 냉혹한 판단과 결정을 내릴 필요도 있다. 채용한 사람이 조직에 혼란이나 갈등을 불러일으키고 다른 동료에게 피해를 주며 조직의 목표 달성이나 성장에 도움이 되지 않는다면, 리더는 채용의 실패를 인정하고 해고를 통보할 수 있어야 한다. 누군가에겐 비난과 욕을 먹을 수도 있을 것이다. 그러나 이는 리더의 역할 중 하나다. 다수를 위해 소수를 희생시키는 판단과 결정도 할 수 있어야 한다. 그러나 여전히 리더나 구성원들 사이에서도 착한 사람 증후군에 걸린 리더가 좋은 리더라는 고정관념이 존재한다.

구성원은 리더의 판단과 결정에 대해 자유롭게 의견을 이야기하고, 때로는 비판할 수 있어야 한다. 편하게 의견을 제시하고 비판할 수 있는 분위기와 심리적 안정감을 가진 조직이 더 건강하고 바람직하다. 앞서 이야기한 해고 역시 리더가 일방적이고 독단적으로 판단하고 결정해서는 안 된다. 구성원의 동의나 공감이 필요하고, 해고의 이유 또한 구성원이 공유한 원칙이나 규범 등을 바탕으로 정당성을 확보해야 한다. 그런데 리더의 판단이나 결정에 토를 달거나 비판하는 것을 권위에 도전하는 것으로 인식하는 경우가 많다. 권위와 권력에 기반한 매니징은 수평적이고 자율적인 조직문화를 망친다.

한편 리더는 리더로서 권위나 힘이 구성원의 신뢰와 지지로부터 나온다는 사실을 잊어서는 안 된다. 구성원들이 리더를 믿고 신뢰하며 좋은 성과를 만들고 조직의 목표를 달성했을 때 회사에서 리더의 영향력이 커지고, 이러한 영향력을 통해 외부나 경영진, 조직을 설득할 수 있는 힘이 생긴다. 따라서 리더는 구성원으로부터 신뢰와 지지를 잃어서는 안 된다. 냉정하고 냉혹하게 판단하고 결정하더라도 고객이나 제품, 조직을 위한 것이어야지, 사적 이익이나 이해관계에 따른 것이어서는 안 된다. 또한 리더의 감정이나 기분에 따라 일을 처리하면 안 된다. 구성원들이 공유하고 있는 시스템이나 프로세스, 즉 일관된 원칙이나 기준에 따라 처리되어야 한다. 그래야 조직이 심리적 안정감을 유지할 수 있다.

리더는 구성원들 위에 군림하며 명령, 지시, 감독하는 사람이 아니다. 구성원 앞에서는 이끌고 뒤에서는 헌신하며 이들을 서포트하는 사람이다. 그래서 구성원에게 존중받고 존경받는 사람이 되어야 한다. 이 차이를 이해하지 못하는 사람들 때문에 수평적이고 자율적인 조직문화를 정착하는 것이 어렵고 힘들다.

애자일 조직에서 리더의 역할이란?

① **인재 채용**

회사의 미션이나 제품의 가치에 공감하고, 이를 반드시 실현하고 싶어 하는 목적의식이나 소명의식을 가진 사람들을 채용해야 한다.

② **비전 제시 및 동기부여**

구성원들에게 미션과 목표를 강조하며 한 방향으로 나아갈 수 있도록 비전을 제시하고 동기를 부여해야 한다.

③ **장애물 및 병목 제거**

각자의 역할과 책임을 명확히 하고 업무를 조율하며 업무 진행 시에 발생하는 장애물이나 병목을 빠르게 제거해주어야 한다.

④ **시스템과 프로세스 구축 및 관리**

수평적이고 자율적인 조직문화에서 조직이 효율적으로 관리 및 운영되고 구성원이 함께 성장할 수 있도록 모두가 동의하고 공유할 수 있는 일관된 원칙과 기준, 문화, 규범 등을 담은 시스템과 프로세스를 만들고 관리해야 한다.

⑤ **악역(Devil's advocate)**

조직의 발전이나 구성원들의 성장을 위해 냉정하고 냉혹한 판단과 결정을 할 수 있어야 한다.

⑥ **신뢰 구축과 심리적 안정 유지**

구성원들이 자유롭게 의견을 제시하고 비판을 할 수 있는 분위기를 만들고 유지해야 한다.

7

당신은 동료에게 ○○이다

직장인이 퇴사나 이직을 고민하고 결심하는 가장 큰 이유는 급여나 복지 등의 처우에 대한 불만족 때문만이 아니다. 설문 조사 결과를 보면, 상사에 대한 불만족이나 동료와의 불화 등 직장 내 인간관계가 항상 1위를 차지한다. 퇴사까지 언급하지 않더라도 직장에서 어떤 동료들과 함께 일하는지는 매우 중요하다. 어떤 동료와 일하느냐에 따라 직장 생활에서 받는 스트레스나 개인의 성장, 제품과 커리어의 성공 등 많은 부분에 큰 영향을 미치기 때문이다. 따라서 좋은 동료들과 함께 일하는 것은 직장 생활에 있어 최고의 복지이자 보상이라고 할 수 있다.

게다가 퇴사하더라도 동료와의 관계는 평생 남을 수 있다. 그래서 나는 조직의 미션이나 제품의 가치에서 소명의식이나 사명감을 찾지 못하는 동료들에게 "아무리 회사가 싫어도 함께 일하는 동료에게는 미안하거나 부끄럽지 않게 일하고 처신해야 한다"라고 이야기한다. IT 업계가 넓지 않아 한두 다리만 건너면 평판 조회가 가능하고 다시 마주칠 가능성이 있기 때문에 더 조심할 필요가 있다.

물론 좋은 동료들과 함께하기 위해서 가장 중요한 건 채용이다. 이는 리더의 역량과 의사결정이 가장 많은 영향을 미치기 때문에 앞에서 살펴보았다. 이번 장에서는 어떠한 동료가 좋은 동료인지, 자신이 어떤 동료가 되어야 하는지에 대해 살펴보자.

동료로서 좋은 자세와 태도

일을 하다 보면, 짜증이나 화가 날 때도 있고 이런저런 이유로 동료와 언쟁하거나 다투기도 한다. 그러나 동료에게서 신뢰와 심리적 안정을 느낄 수 있어야 한다.

중국에서 일할 때의 일이다. 회의 시간만 되면 중국인 동료들은 언성이 높아지며 거칠게 자기주장을 내세울 때가 많았다. 고성이 오갈 때도 있었는데, 회의가 끝나면 언제 그랬냐는 듯 아무렇지 않게 자기 자리로 돌아갔다. 한국인 동료들은 이런 모습을 감정적인 것처럼 여기고 좋아하지 않았다. 그런데 중국인들은 업무상 자기주장을 할 때만 언성을 높였지, 평소에는 행동이나 감정에 큰 기복이 없었다.

그러나 한국인 동료들끼리는 분명 업무를 하면서도 은연중에 서로의 감정과 기분, 관계, 직급, 나이 등을 신경 쓰며 조심스럽게 이야기하고, 언쟁이 곧 감정싸움으로 번지는 경우가 많았다. 그래서 시간이 지날수록 감정적으로 불편하거나 싫은 사람이 생겼다. 게다가 한국인 동료와 감정의 골이 생기면 당사자들만의 문제로 끝나지 않는 경우가 많았다.

평소 감정 기복이 심해서 동료의 눈치를 보거나 신경 써야 한다고 생각해보라. 나는 감정 기복이 심한 동료에게 우스갯소리로 "마음이나 감정은 소중하니까 집에 두고 출근해야죠! 그걸 회사까지 들고 오면 어떻게 해요?"라고 이야기한다. 사람의 마음과 감정은 리더나 타인에 의한 관리나 통제의 대상이 아니지만, 구성원 전체의 심리적 안정감을 깨뜨린다면 방치하거나 배려해서도 안 된다. 따라서 리더는 구성원들이 공감하고 동의할 수 있는 적정선을 공유해야 한다. 그리고 적정선까지는 존중하고 배려하되 이를 넘어간 경우에는 일관성 있게 조치를 취해야 한다. 구성원들이 원칙과 기준을 명확하게 인지하고, 이를 믿고 신뢰할 수 있도록 유지하는 것이 리더의 역할이다.

동료들 간에 신뢰나 심리적 안정을 느끼며 일할 수 있는 가장 어렵지만 이상적인 방법은 모든 구성원이 회사의 미션이나 제품의 가치에 소명의식과 사명감을 느끼고, 조직의 목표를 달성하기 위해 최선의 노력을 다하고 있다고 믿는 것이다. 그래서 모든 대화와 결정은 미션을 수행하고 좋은 성과를 만들기 위한 과정이라고 생각해야 한다. 흥분해서 언성이 높아지거나 대화가 거칠어지더라도 더 좋은 결과를 위해 최선을 다하고 있다고 여기고 감정이 상하지 않고 이해하고 넘어갈 수 있다. 이렇듯 회사의 미션과 제품의 가치를 믿고 공감하는 동료를 채용하여 모두 업무에만 집중할 때 신뢰 및 심리적 안정감을 높일 수 있다.

그래서 일이나 업무에 오너십을 가지라는 이야기를 자주 듣는다. 하지만 대표가 아닌데 직원이 오너십을 가지면 권한과 책임 사이에 불균형이 발생하며 잘못된 형태로 오너십을 발휘할 수도 있어서 문제가 생긴다. 그리고 동료들도 꿍꿍이가 있거나 권력과 권위를 즐기는 사람이라고 오해할 수 있다. 따라서 직원이나 동료에게 오너십을 요구하거나 기대해서는 안 된다.

대신 '프로 정신'과 '책임감'이 필요하다. 프로 선수는 팀이나 자신을 응원하는 팬을 위해 동료들과 협력하여 좋은 성과를 만들어야 한다. 그리고 실력이나 팀의 성과에 따라 급여를 받는다. 이는 동료들과 협업하며 좋은 제품을 만들어 고객을 만족시켜야 하는 직장인과 비슷하다. 회사나 경영진을 위하기보다는 제품을 이용하는 고객과 옆에서 함께 고생하고 있는 동료에게 책임감을 가지고 열심히 일을 해야 하는 것이다. 일을 통해 금전적인 보상을 받고 있다면, 모두 프로인 셈이다.

기획자로서 일을 하다 보면 여러 동료와 협업하며 일을 부탁하거나 요청할 일이 많다. 그래서 동료들이 어떠한 자세와 태도, 마음가짐으로 일하고 있는지 잘 느낄 수 있다. 그런데 동료가 부정적이고 수동적이며 방어적인 자세와 마음가짐을 가지고 있으면 모든 구성원이 영향을 받는다. 그러나 이런 동료를 걸러내는 시스템이나 프로세스는 사내에 존재하지 않는다. 그래서 경영진이나 리더가 단독으로 해고를 진행하면 신뢰가 바닥으로 떨어지기도 한다. 그렇다고 방치하면 능력 있고 열정 많은 동료는 퇴사하고, 부정적이고 수동적인 동료들만 회사에 오래 남아 높은 자리를 차지할 것이다.

인간은 위험과 두려움을 무릅쓰고 새로운 것을 시도하고 도전하기보다는 기존의 것을 고수하고 유지하며 익숙함에 안주하고 싶어 한다. 그래서 기존의 관행과 프로세스 등에 익숙해지며 변화를 거부한다. 제3자가 봤을 때는 비효율적이고 비상식적이지만, 당사자들은 익숙하고 편하게 여겨 바꾸지 않는다.

하지만 조직은 사람들이 오가며 새로운 피를 끊임없이 수혈해야 한다. 그래야 새로운 것에 도전하고 시도하며 지속적인 혁신과 성장을 도모할 수 있다. 그런데 익숙함에 안주하면 새로운 동료의 생각과 아이디어를 경계하고 때로는 방해한다. 도전과 혁신에는 시간과 노력이 필요하고, 실패를 경험하기도 한다. 애자일 조직은 실패를 통해 배우고 학습하며 성장하는 문화를 가지고 있다. 실패를 당연하게 여기고, 경험과 배움을 쌓아가며 결국 성공에 이른다. 그러나 많은 조직이 실패를 분석하며 배우기보다는 실패의 책임을 묻고 해고하는 식으로 경험이나 배움을 사유화시킨다. 그러니 조직은 갈수록 늙고, 조직원도 보수적이고 수동적이며 방어적인 자세를 취하는 것이다. 그리고 소수의 도전하던 사람들은 사유화된 경험과 배움을 통해 성장하며 이직을 하거나 창업에 도전한다.

감정적인 조직은 피곤하지만, 수동적이고 방어적인 조직은 끔찍하다. 회사와 리더는 구성원이 능동적이며 적극적인 자세를 가질 수 있도록 제도와 문화를 끊임없이 정비할 필요가 있다. 동료들끼리는 수동적이고 방어적인 자세를 갖지 않도록 서로 경계하고 자극할 필요가 있다.

직장 생활에서 나의 자세와 태도는 동료들의 직장 생활에 많은 영향을 미친다. 누군가를 비난하기 전에 먼저 자신의 모습을 돌아보고 좋은 동료가 될 수 있도록 노력해야 한다. 결국 당신은 동료에게 있어 출근하고 일을 해야 하는 동기이자 가치이기 때문이다.

직장에서 이런 행동은 하지 말자!

① 감정적으로 접근하거나 행동하지 말자.
② 오너십을 갖지 말자. 직장인에게 필요한 건 프로 정신과 책임감이다.
③ 동료와의 협업에 부정적이고 수동적이며 방어적인 자세와 마음가짐으로 임하지 말자.
④ 현재에 안주하며 변화를 거부하거나 방해하지 말자.

시너지

회사와 매니저는 직원을 신규로 채용하면, 시너지를 내며 1 + 1 = 2 이상의 결과가 나오기를 기대한다. 하지만 리더나 시니어가 온보딩을 하거나 교육을 진행한다며 자리를 비우면서 조직의 업무 속도가 줄어드는 게 현실이다. 게다가 구성원이 늘어날수록 커뮤니케이션과 관리에 드는 시간도 늘어나며 1인당 업무 생산성이 떨어질 수밖에 없다. 구성원들끼리 손발이 맞기까지는 시행착오를 겪어야 하는 데다 협업을 통한 시너지보다 시기와 질투, 반목, 갈등이 발생하기 쉽다. 또한 조직의 능력과 열정이 구성원들의 능력과 열정의 평균에 수렴하기보다는 하향 평준화되기 쉽다. 따라서 채용은 조직의 업무 생산성을 높이기보단 낮출 가능성이 많기 때문에 신중해야 한다. 그렇다면 시너지를 통해 1 + 1 = 2 이상의 결과가 나올 수는 없는 것일까?

신규 채용을 통해 1 + 1 = 2 이상의 결과를 기대하려면, 서로 자극이 되어 배우며 성장할 수 있는 능력 있고 열정 넘치는 동료를 채용해야 한다. 그래서 비슷한 역량이나 성향을 가진 사람보다는 다른 강점과 성향을 가진 사람을 채용해야 한다. 이런 동료들이 입사하여 새로운 아이디어와 인사이트를 제공하고, 기존 구성원을 자극하고 동기부여하며, 조직 전체에 긍정적인 영향을 미치고 역량을 향상하는 데 도움이 되어야 한다.

프로젝트가 시작되거나 진행되는 가운데 인력이 부족하다며 급하게 인력을 채용하는 경우가 많지만, 온보딩이나 인수인계 과정에서 갈등이나 혼란을 겪으며 업무 생산성이 떨어지기 쉽다. 그래서 선제적인 채용을 통해 충분히 손발을 맞춰볼 수 있는 시간이 주어져야 한다. 신규 직원이 조직에 적응하고, 기존 구성원들과 원활하게 협업하며, 본인의 역량을 충분히 발휘하기까지는 시간이 필요하다.

8

협업의 기술

하나의 제품을 개발하고 성공시키기 위해서는 기획자, 디자이너, 개발자는 물론이거니와 영업사원, 마케터, 운영자, CS 담당자 등 다양한 직군의 사람들이 공통의 미션과 목표를 가지고 유기적으로 협업해야 한다. 그리고 하루에도 수많은 회의와 미팅, 대화를 하고 메시지를 주고받으며 커뮤니케이션을 하는데, 이 과정이 매우 중요하다. 커뮤니케이션 과정에서 문제가 발생하기도 하지만, 효율적이고 효과적으로 업무를 수행하며 조직의 경쟁력을 높일 수도 있기 때문이다. 그렇다면 과연 좋은 커뮤니케이션이란 무엇이고, 좋은 커뮤니케이션을 위해서는 어떠한 노력이 필요할까? 이번 장에서는 협업의 기술에 대해 살펴보자.

커뮤니케이션과 문서화

동료끼리는 업무와 관련된 이야기를 대화나 메시지를 통해 1:1로 나눠선 안 된다. 그러나 자신의 무지나 실수, 잘못, 문제, 사고 등이 드러나는 것이 부끄럽고 두려워서인지, 아니면 조직에 대한 신뢰나 심리적 안정감이 없어서인지, 일과 관련된 내용을 사적인 채널로 나눈다. 특히 업무의 협의나 진행, 의사결정, 주요 정보 등은 모든 구성원이 알아야 하는데 이를 자신의 능력이나 권력, 무기로 착각을 하는지 애써 숨긴다. 이런 동료는 공개나 공유할 내용인지 아닌지 헷갈린다고 변명한다.

특히 애자일 조직에서는 수평적이고 자율적인 조직문화를 추구하기 때문에 모든 정보가 투명하게 공개되고 공유되어야 한다. 그래야 최대한 많은 정보를 바탕으로 자율적으로 판단하고 결정하여 빠르고 효과적으로 일을 진행할 수 있기 때문이다. 게다가 애자일 문화에서는 성공뿐 아니라 실수와 실패를 통해 경험을 축적하며 모든 구성원이 함께 배우고 학습하며 성장하는 것을 전제로 하기 때문에 모든 정보와 지식을 투명하게 공개하고 공유해야 한다.

따라서 애자일 조직에서는 업무와 관련된 모든 내용이 효율적으로 작성 및 관리되고 투명하게 공개되며 쉽고 편하게 찾고 공유할 수 있도록, 업무용 메신저와 함께 칸반이나 위키 등의 애자일 도구를 사용한다. 이를 통해 모든 대화와 정보가 오가야 하며, 구성원 모두가 필요한 경우에 편하게 검색하고 열람할 수 있어야 한다. 모든 업무는 문서의 형태로 작성되어야 하므로 글쓰기는 직장인에게 중요한 역량이다.

그러나 글의 형식으로 작성하는 것을 귀찮고 힘들어하는 사람이 많다. 업무의 효율적인 진행을 위해 문서 작성을 최소화한답시고 글을 작성하지 않으려는 사람도 있다. 물론 대기업이나 공공기관 등과 같이 회사의 정해진 양식과 형식에 맞춰 글을 작성하고 공들여 꾸며야 한다면 나도 똑같이 생각했을 것이다.

칸반이나 위키와 같은 협업 툴은 꾸미기에 시간을 들이지 않고 내용에 집중하며 문서를 작성하고 쉽게 공유할 수 있게 한다. 문서의 유형에 따라 일정한 양식을 제공할 수 있도록 템플릿 기능을 지원하고 있어서 모든 구성원이 문서를 쉽고 빠르게 작성하고 이해할 수 있다. 그래서 나는 반복적으로 작성되는 문서 유형은 다음 그림과 같이 작성 양식을 만들어 제공한다.

▲ 이슈 작성 양식 예시

그리고 최초 템플릿을 만들어 제공하더라도 반복해서 작성하다 보면 불필요하거나 추가할 항목이 있다. 따라서 항목을 추가 및 수정, 삭제해서 최소한의 항목으로 유지하고 관리하는 것이 중요하다.

작성된 문서를 수정하는 경우에는 문서의 형식에 따라 변경 내역을 제공한다. 이전 파일을 삭제하지 않고 수정된 파일을 새로 작성해서 파일명에 변경된 버전 정보를 담고 버전에 따른 수정 내용을 제공해야 한다. 그런데 파워포인트나 워드가 아닌 협업 툴의 경우에는 변경 내역을 남기지 않고 바로 수정하는 경우가 많다. 협업 툴의 경우에도 많은 내용을 동시에 변경하는 경우에는 버전을 관리하며 작성해야 한다. 일부 수정이라면, 수정된 내용을 삭제하기보다는 취소선으로 처리하거나 정보 박스 등을 추가해서 이전 내용을 그대로 둔다. 또한 갑작스러운 변경에 따른 오해의 소지를 줄이고 관련 문의에 대응하기 위해 수정한 이유 및 수정자를 함께 표기한다.

업무와 관련된 모든 커뮤니케이션은 검색과 열람이 어려운 환경에서 이루어지면 안 된다. 담당자가 부재하거나 퇴사했을 때 빠르게 대응하거나 조치할 수 없기 때문이다. 다만, 지나친 문서 작성으로 인해 업무 효율성이 떨어질 수 있기 때문에 작성 양식을 제공하는 등 효율적으로 문서를 작성하고 관리하며 공유하는 방법을 고민해야 한다.

문서 작성 시 팁

① 양식이나 꾸미기에 시간을 낭비하지 않고, 쉽고 빠르게 작성 및 이해할 수 있도록 템플릿을 활용한다.

② 내용의 변경 시에는 버전 정보, 수정 날짜, 수정 이유, 수정자 등의 변경 내역을 확인할 수 있도록 제공해야 한다.

③ 문서를 PPT로 작성하는 경우에는 PDF 형식으로 공유될 수 있기 때문에 내용이 장표를 벗어나지 않도록 작성해야 한다. 또한 장표가 추가 및 삭제될 수 있기 때문에 페이지 번호 대신 별도의 페이지 코드를 생성해서 작성해야 한다.

④ 모든 동료들이 이해할 수 있도록 작성하되 서술형으로 작성하지 않고 최대한 짧게 작성해야 한다.

⑤ 반복해서 활용되거나 다수의 동료들이 이해해야 하는 정책이나 용어 등은 위키에 별도로 정리하여 작성해야 한다.

문서의 작성과 관리

IT 기업에서는 제품을 개발하거나 개선할 때 **요구사항 정의서**product requirements document, PRD와 같은 문서를 작성하여 프로덕트 조직에 요청한다. 물론 칸반 등의 애자일 도구를 사용하는 조직의 경우에는 요구사항 정의서의 양식을 빌려 해당 툴에 작성한다. 이와 별개로 기획자는 회사의 모든 구성원이 제품을 이해하고 개발하거나 수정할 때 따르고 준수해야 하는 여러 정책을 정리한 **서비스 정책서**를 작성하고, 이를 공유 및 관리해야 한다. 서비스 정책서는 기획자에게 아주 중요하다. 정책서에는 서비스가 준수해야 하는 관련 법령이나 규정 등의 **컴플라이언스**compliance를 비롯하여 스토어 정책, **서드 파티**third party 정책, 회사의 여러

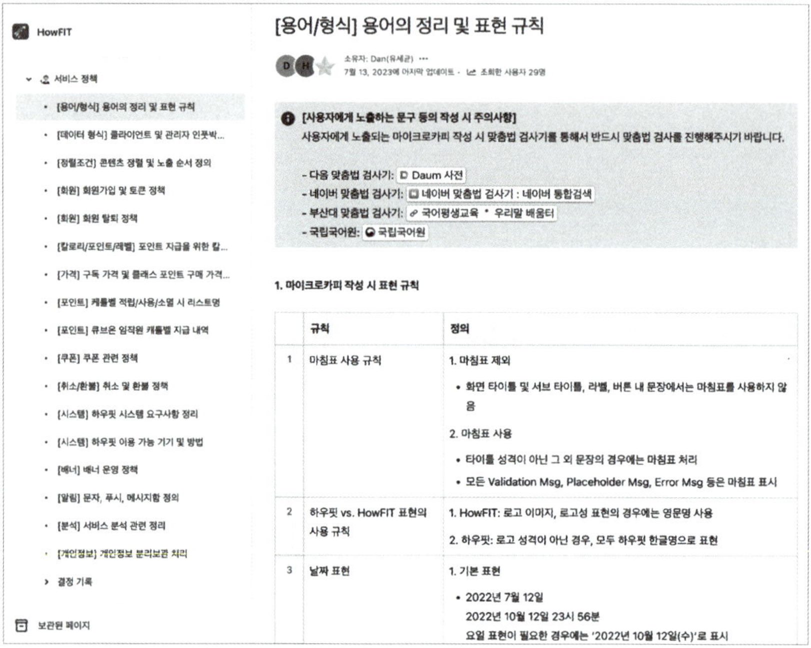

HowFIT

서비스 정책
- [용어/형식] 용어의 정리 및 표현 규칙
- [데이터 형식] 클라이언트 및 관리자 인풋박...
- [정렬조건] 콘텐츠 정렬 및 노출 순서 정의
- [회원] 회원가입 및 토큰 정책
- [회원] 회원 탈퇴 정책
- [칼로리/포인트/레벨] 포인트 지급을 위한 칼...
- [가격] 구독 가격 및 클래스 포인트 구매 가격...
- [포인트] 캐틀벨 적립/사용/소멸 시 리스트명
- [포인트] 큐브온 임직원 캐틀벨 지급 내역
- [쿠폰] 쿠폰 관련 정책
- [취소/환불] 취소 및 환불 정책
- [시스템] 하우핏 시스템 요구사항 정리
- [시스템] 하우핏 이용 가능 기기 및 방법
- [배너] 배너 운영 정책
- [알림] 문자, 푸시, 메시지함 정의
- [분석] 서비스 분석 관련 정리
- [개인정보] 개인정보 분리보관 처리

결정 기록

보관된 페이지

[용어/형식] 용어의 정리 및 표현 규칙

소유자: Dan(유세균) ···
7월 13, 2023에 마지막 업데이트 · 조회한 사용자 29명

[사용자에게 노출하는 문구 등의 작성 시 주의사항]
사용자에게 노출되는 마이크로카피 작성 시 맞춤법 검사기를 통해서 반드시 맞춤법 검사를 진행해주시기 바랍니다.

- 다음 맞춤법 검사기: Daum 사전
- 네이버 맞춤법 검사기: 네이버 맞춤법 검사기 : 네이버 통합검색
- 부산대 맞춤법 검사기: 국어평생교육 * 우리말 배움터
- 국립국어원: 국립국어원

1. 마이크로카피 작성 시 표현 규칙

	규칙	정의
1	마침표 사용 규칙	1. 마침표 제외 • 화면 타이틀 및 서브 타이틀, 라벨, 버튼 내 문장에서는 마침표를 사용하지 않음 2. 마침표 사용 • 타이틀 성격이 아닌 그 외 문장의 경우에는 마침표 처리 • 모든 Validation Msg, Placeholder Msg, Error Msg 등은 마침표 표시
2	하우핏 vs. HowFIT 표현의 사용 규칙	1. HowFIT: 로고 이미지, 로고성 표현의 경우에는 영문명 사용 2. 하우핏: 로고 성격이 아닌 경우, 모두 하우핏 한글명으로 표현
3	날짜 표현	1. 기본 표현 • 2022년 7월 12일 2022년 10월 12일 23시 56분 요일 표현이 필요한 경우에는 '2022년 10월 12일(수)'로 표시

▲ 위키에 작성된 서비스 정책서 예시

제품이 통일성과 일관성을 유지하기 위해 따라야 하는 각종 사내 정책 등이 총망라된다.

서비스 정책서에 작성되는 내용 중 일부는 구성원과의 협의가 필요할 수 있다. 따라서 최초로 정책서를 작성하거나 새롭게 추가할 내용이 있다면, 초안을 작성한 후 유관 부서나 담당자, 경영진과 공유하며 합의에 이를 때까지 피드백과 수정을 반복한다.

정책서를 작성하는 이유는 기획서나 목업을 작성하거나 디자인과 개발을 진행하면서, 정책의 변경이나 수정을 최소화하기 위해서다. 정책 수준의 변경이 아니더라도 기획, 디자인, 개발을 하는 과정에서 이런저런

이유로 수많은 변경과 수정을 거친다. 단순한 디자인이나 기능의 변경이라면 시간이 많이 걸리지 않을 수도 있지만, 정책 변경은 여러 화면이나 기능에 광범위한 영향을 미칠 가능성이 크다. 따라서 한번 확정된 정책은 제품의 개발이 완료되기 전까지 최대한 변경하지 않도록 해야 한다. 서비스 정책서를 작성하는 것은 기획자에게 매우 중요한 업무이고, 프로덕트 조직으로부터 신뢰를 쌓을 수 있는 중요한 역량이다.

서비스 정책서는 기획자와 프로덕트 조직이 제품 개발 및 운영 시에 반드시 준수하고 따라야 하는 헌법과 같은 문서다. 다수의 기획자가 플랫폼을 함께 기획하고 있다면, 최고 제품 책임자나 시니어 기획자는 모든 서비스 기획자가 참고하거나 준수하며 기획할 수 있도록 서비스 정책서를 만들고 이를 공유하고 관리해야 한다. 그리고 신규 서비스나 기능 기획 시에 정책서에 필요한 정책이 없다면, 담당 기획자가 정책을 기획하고 유관 부서나 담당자의 협의를 거친 다음, 최고 제품 책임자나 시니어 기획자 또는 전체 기획자 그룹에 검토를 받아 서비스 정책서에 추가하며 정책서를 업데이트하고 관리해야 한다.

서비스 정책서뿐 아니라 주요 문서는 이러한 과정과 절차를 거치며 작성되고 공유 및 관리되어야 한다. 그러나 이러한 원칙이나 기준이 없거나 있어도 작동하지 않다 보니, 오히려 쓸모가 없어지고 업무의 비효율성을 증가시킨다.

PART 3

위대한 제품

CHAPTER 09 기술의 인문학

CHAPTER 10 고객 집착과 우선순위

CHAPTER 11 보이지 않는 진의

CHAPTER 12 윤리적 제품 개발

CHAPTER 13 데이터 유감

9

기술의 인문학

기술은 인간이 겪는 문제나 불편을 해결하고 삶의 질을 향상하기 위한 수단이자 도구다. 하지만 현대 사회에서 기술의 발전 속도가 너무 빨라 기술 트렌드를 따라잡는 것조차 어려워서 정작 중요한 목적이나 본질을 잊는 경우가 많다. 과연 이 기술을 통해 해결하고자 하는 문제는 무엇일까? 혹은 사람이 겪는 문제나 불편을 해결할 수는 있는 것일까? 소수의 사람들에게만 도움이나 혜택이 돌아갈 뿐, 전 인류에게는 도움이 되지 않거나 오히려 위협이 되는 것은 아닐까? 이 기술을 통해 사람의 편리와 복지에 기여할 수는 있지만, 그 반대급부로 발생하는 문제나 위험은 없을까? 기술을 가지고 제품을 개발하는 사람들이 기술에만 집착한 나머지 본질적인 질문에는 답변하지 않고 기술 개발과 경쟁에만 전력을 다하고 있는 것처럼 보인다.

게다가 현대 자본주의 사회의 기업을 들여다보면 이성과 논리, 정의와 공평, 공동체와 연대, 도덕과 윤리, 존중과 배려 등의 가치에 대한 고민과 논의, 실천을 찾아보기 어렵다. 오직 기업의 목적은 이윤 추구라는 것이 현대 자본주의 사회의 정의이자 믿음이다. 그러면서 글로벌 기술 경쟁 시대에 기업 경쟁력을 높이기 위해서는 법이나 규제를 완화해야 한다고 주장한다.

기술 전쟁의 시대에서 기술과 과학으로 발생하는 여러 문제는 한 국가의 노력이나 법으로 규제나 통제가 어렵기 때문에 글로벌 협의체나 규제 기관이 필요한데 이러한 역할을 할 수 있는 국제기구가 없다. 따라서 IT 산업에서 기술 혁신을 이끌어가는 IT 종사자들이 문제를 직시하고, 스스로와 주변에 본질적인 질문을 끊임없이 던지며 미래를 만들어가야 한다.

기술 만능주의

인류는 1980년대부터 2000년대까지 컴퓨터와 인터넷의 개발과 발전을 통해 직장과 가정, 사회 전반에 걸쳐 책상 위의 혁명을 만들어내며 생산성을 놀랍도록 향상시켰다. 2000년대에는 스마트폰과 애플리케이션을 개발하며 장소에 구애받지 않고 인터넷에 접속할 수 있는 손안의 혁명을 만들었다. 그리고 현재 4차 산업혁명으로 인공지능을 통해 인류가 경험해보지 못한 기술 혁신의 시대를 만들어가고 있다.

현대 사회는 빠르게 발전하고 성장하는 기술이 인류 사회를 이끌고 변화시키는 것처럼 보인다. 그렇다 보니 새롭게 등장하는 기술과 이에 따른 변화의 속도에 적응하지 못하면 도태된 것처럼 느껴진다. 코로나 이후 비대면 서비스가 일반화되고 오프라인 매장에 키오스크가 확산되면서 고령자들이 겪는 디지털 소외 문제만 보더라도, 디지털 기기 활용도나 **디지털 문해력**digital literacy은 경쟁력이나 불편을 떠나 생존을 위한 필수적인 역량이 되었다. 기술에 대한 적응력에 의해 사람의 가치와 생존이 좌우되다 보니 기술을 중시하는 최근의 풍조가 씁쓸하면서도 한편으로는 이해된다.

그러나 대학이나 연구소 등에서 원천 기술을 연구하거나 개발하는 것이 아니라면, 대다수 IT 기업에서 활용하는 기술은 인류와 사회가 겪는 특정 문제나 불편을 해결하기 위한 수단이나 도구일 뿐이다. 그런데 IT 종사자들이 기술에 지나치게 매몰되거나 집착하다 보니, 사람이 아닌 기술을 기준으로 사고하는 경우가 많다. 사람이 겪는 특정 문제나 불편을 찾거나 발견하고 이를 효과적으로 해결하기 위한 적정한 기술이 무엇인지를 고민해야 하는데, 핫하고 트렌디한 기술로 어떠한 문제나 불편을 해결할지 고민한다. 그리고 성공은 타이밍이고 빠른 기술 변화 속에 기회가 있다며 잘못된 순서를 정당화한다.

최근 기업이나 제품의 소개 페이지를 보면, 제품의 도메인과 관계없이 AI가 만병통치약처럼 빠지지 않고 등장한다. 현재 AI가 적용된 기능은 없지만, 앞으로 적용할 거라며 AI를 언급한다. 투자나 홍보를 위해서는 AI를 언급해야 한다는 것이다.

내가 헬스케어 서비스 기업에 이직했을 때도 상황은 마찬가지였다. 회사는 유명 인플루언서가 등장하는 다양한 운동 영상을 보고 따라 하며 홈 트레이닝을 할 수 있는 제품을 개발하고 있었다. 사용자가 실제 운동을 하고 있는지 확인하고 정확한 동작을 보조하며 운동량을 측정하는 기능을 제공하기 위해 AI를 도입하려고 많은 리소스와 노력을 쏟아붓고 있었다. 이 제품을 활용해 집에서도 효과적으로 운동할 수 있을 것 같고, AI를 활용해 인류를 건강하게 만들겠다는 미션과 가치도 매우 훌륭해 보였다.

그러나 실상 AI 개발자나 기술력은 없었고, 구글에서 제공하는 **미디어 파이프**mediapipe라는 동작 인식 프레임워크를 활용하고 있을 뿐이었다. **머신 러닝**machine learning도 아니기 때문에, 동작을 구분하며 운동량 등을 표시해주기 위해 여러 사람들이 엄청난 양의 메타 정보를 수작업으로 생성하고 관리했다. 비효율적인 수작업을 반복해야 했고, 그러다 보니 중복으로 작업하거나 실수로 데이터를 잘못 입력하는 등의 문제가 끊임없이 발생했다.

사실 AI를 적용하든 안 하든, 사용자들이 만족하고 잘 사용했다면 아무 문제가 되지 않았을 것이다. 그러나 동작 인식을 위해 영상 콘텐츠에도 여러 제약이 생기며 양질의 콘텐츠를 제작하기 어려웠고, 신규 콘텐츠의 제공 속도도 떨어졌으며, 사용자들은 동작 인식 기능이 잘 안 되다 보니 잘 사용하지 않았다. 오히려 앱이 무겁고 안정성이 떨어지는 등 여러 문제가 발생하고 있었다.

이 외에도 기술에 지나치게 매몰되거나 집착하는 사례는 주변에서 심심치 않게 찾아볼 수 있다. 오죽하면 스타트업 업계에 **기술 힙스터**tech hipster라는 표현까지 등장했을까? 고객에게 집중해야 하는데 기술에 집착한 나머지 주객이 전도되어 발생하는 문제다. 고객이 겪는 문제나 불편을 찾거나 발견한 다음 이를 어떠한 기술로 해결할지 고민해야 하는데, 반대로 기술을 가지고 어떤 문제나 불편을 해결할지 찾는 것이다. 마치 눈앞에 보이는 공구함에서 망치를 꺼내 들고 주변을 두리번거리며 무엇을 해야 할지 고민하는 모양새다. 누군가는 망치를 가지고 사람을 위협하거나 해하려는 목적으로 이용할 수도 있다.

통찰과 통섭의 역량, 인문학

사람들이 겪는 문제나 불편을 찾기 위해서는 기술에 집착하기보다는 고객에 집중하며 인간을 이해하고 공감하기 위해 노력해야 한다. 인간은 사회를 떠나서 살 수 없는 사회적 동물이므로 인간이 모여 집단을 이룬 사회를 이해해야 한다. 따라서 역사와 문화, 언어, 철학, 규범, 관습 등 인간의 삶과 정신, 가치에 관해 탐구하고 연구하는 인문학에 관심을 가지고 공부할 필요가 있다. 그리고 인문학을 공부하며 기술과 인간을 연결하거나 관통하는 통찰과 통섭의 역량을 키워야 한다.

그러나 공부를 한다면 쉽고 빠르게 도구나 스킬을 배우고 익히려고 들지, 책을 사서 읽는 사람은 찾아보기 힘들다. 회사에서 도서 구입비를 전액 지원해도 독서량은 처참한 수준이다. 게다가 업무에 도움이 되거나 필요한 책만 구매가 가능한 경우가 많아 실용서나 자기 계발서가 대부분이다. 인문서를 읽는 시간은 취미나 휴식을 위한 시간이라고 여겨서 넷플릭스나 유튜브를 보는 시간과 등가 교환하기도 한다. 아무래도 출판사 마케터들이 단단히 착각하거나 실수한 것 같다. 한국인의 성향을 고려해서 인문서를 읽는 것은 성적 향상에 큰 영향을 미치며 의대 진학에 도움이 된다고 홍보했어야 했다. 인문서 독서량에 따른 성적 향상이나 부의 상승률을 조사하고 매년 공개했어야 했다. 부와 성공에만 관심을 지닌 한국 사회에서 마음의 양식 타령을 하니 누가 인문서를 읽으려고 할까? 안타깝지만, 이게 한국 사회의 독서 실태이자 현실이다.

동료와의 회의나 대화에서도 기술과 숫자만 이야기하지, 정작 중요한 고객이나 가치에 대해서는 이야기하지 않는다. 많은 논의에서 고객이나 가치를 최우선으로 생각하고 고려해야 하는데, 기술에 따른 구현 여부나 난이도, 숫자에만 의존해 의사결정이 이루어진다. 이런 논의나 대화를 듣고 있으면, 도대체 우리가 왜 이 일을 하고 있는 것인지 그들에게 묻고 싶다. 물론 숫자가 고객을 대표하는 의사가 아니냐며 반문하는 사람도 있을 것이다. 이에 대해서는 13장 '데이터 유감'에서 자세히 이야기하도록 하겠다.

이렇게 기술에만 집착해서는 사람들이 겪는 문제나 불편을 잘못 찾거나 왜곡할 수 있다. 그렇다면 결과는 불 보듯 뻔하다. 첫 단추를 잘못 끼우며 **시장 적합성**product-market fit, PMF을 갖추지 못한 제품은 제아무리 핫하고 트렌디한 기술을 적용했다고 해도 성공하지 못한다. 애플과 구글, 메타도 신기술을 적용한 수많은 제품이 실패했다. 그런데 이들 기업은 현금보유액이 각기 수십조 원대에 이른다. 남아도는 현금으로 신규 비즈니스와 기술에 투자하며 여러 시도를 해볼 수 있고, 이 실패를 발판 삼아 신규 시장을 개척할 수 있다. 하지만 대다수 스타트업은 실패하면 폐업

해야 한다. 그러므로 기술에 집착하기보다는 고객에 집중하며 고객을 이해하고 공감하기 위해 노력해야 한다.

IT 산업의 최일선에서 기술 혁신을 리딩하는 IT종사자는 인류에 긍정적이고 윤리적으로 기술을 활용하기 위해 기술과 인간을 연결하고 관통하는 통찰과 통섭의 역량이 필요하다. 그러려면 인간의 사고, 문화, 예술, 역사, 언어, 철학, 종교 등을 연구하며 인간의 경험, 감정, 인식, 가치, 사상 등을 이해하고 탐구하며 해석하려는 인문학을 공부하는 것이 도움이 된다. 몇 년 전의 일이다. 국내 IT 제품에서는 잘 사용하지 않던 QR 코드가 유독 중국에서 핵심 기술로 활용되자, 국내 언론이나 IT 전문가들이 QR 코드가 성공한 이유를 앞다퉈 분석하기 시작했다. 그리고 QR 코드의 접근성과 편의성을 성공의 이유로 꼽았다. 중국에서 QR 코드를 활용한 위챗페이, 알리페이와 같은 모바일 결제 서비스가 성공하자, 그보다 훨씬 사용하기 편한 신용카드가 전 국민에게 보급된 한국 사회에서 중국의 IT를 공부해야 한다고 이야기한 것이다. 물론 중국의 IT 제품이 무서운 속도로 발전한 것은 사실이다. 하지만 과연 QR 코드의 접근성과 편의성이 뛰어나서 모바일 결제 서비스가 성공한 것일까?

당시에 나는 중국 베이징에 위치한 IT 스타트업에서 O2O 전자상거래 플랫폼을 기획하고 있었다. 그래서 위챗페이나 알리페이를 사용하기도 했지만, 아직 확산되던 시기여서 주로 체크카드를 사용했다. 모바일 결제 서비스가 현금이나 카드에 비해서는 사용이 불편했기 때문이다. 카드는 주머니나 지갑에서 꺼내 단말기에 긁거나 꽂으면 결제가 끝난다. 하지만 모바일 결제 서비스는 휴대폰을 꺼내 앱을 찾아 실행하고 QR 코드 리더

화면으로 이동한 다음 상대방이 내민 휴대폰의 QR 코드를 스캔해서 결제해야 한다. 게다가 휴대폰의 배터리 잔여량이 얼마 남지 않으면 불안해져서, 항상 무거운 보조 배터리를 가지고 다녀야 했다. 이러한 번거로움과 불편함도 함께 고려했다면 QR 코드의 성공의 이유로 접근성과 편의성을 언급하지는 못했을 것이다.

그렇다면 QR 코드가 유독 중국에서 대중적으로 사용되며 주요 기술로 자리를 잡은 이유는 무엇일까? 기술보다는 중국의 문화나 언어, 환경, 인프라 등을 살펴봐야만 이해할 수 있다. 중국어는 상형문자여서 읽고 쓰기가 어렵다. 게다가 모바일 환경에서 한자를 입력하는 것이 더 어렵고 불편하다. 예컨대 '天'을 입력하려면 '天'의 병음인 'tian'을 입력한 다음, 같은 발음을 지닌 여러 한자 중에서 '天'을 선택해야 한다. 동음이의어가 많은 어려운 한자라면 과정은 더 번거롭다. 다른 나라와 비교해 문자 메시지 대신 보이스톡이나 보이스챗, 보이스 검색 등이 대중화되고 QR 코드뿐만 아니라 이미지와 음성을 활용한 기능이 발전한 것만 봐도 언어적인 영향이 크다. 그렇다고 모든 스타트업이 음성을 활용한 기능을 제공할 수는 없다. 음성을 활용하려면 높은 기술력과 상당한 리소스가 필요하기 때문이다. 그러나 QR 코드는 1994년에 일본 도요타 자동차의 자회사인 덴소 웨이브가 개발한 기술로, 이미 특허가 만료되어 무료로 사용이 가능했기 때문에 많은 스타트업이 자유롭게 활용할 수 있었다.

▲ 중국에서 발전한 QR코드

당시 중국은 저신용 사회로 신용카드가 널리 보급되지 않은 데다 위조 지폐 문제가 심각한 상황이었다. 그래서 노점상에 위폐로 지불하는 상황이 발생하곤 했다. 그렇다고 위폐 감별기를 구비하자니 기기도 비쌀뿐더러 번거로우니, 노점상에서는 어쩔 수 없이 위폐를 받아 다른 노점상에서 그 위폐를 사용하는 식으로 악화가 양화를 구축했다. 이런 상황에서 스마트폰의 보급과 함께 QR 코드를 채택한 모바일 결제 서비스가 등장한 것이다. 모바일 결제 서비스를 이용하면 위폐를 걱정할 필요가 없었다. 따라서 모바일 결제 서비스가 빠르게 확산되며 현금 없는 사회로 변화한 것이다.

또한 저신용 사회다 보니 예전에는 전기나 가스, 수도 등을 이용하려면 선불카드로 충전해서 사용해야 했다. 그러지 않으면 공과금을 납부하지 않고 사라지는 사람이 많았기 때문이다. 이러한 환경에서 모바일 결제 서비스가 등장하면서 스마트폰을 통해 공과금을 쉽고 간편하게 충전하고 관리할 수 있었다.

따라서 당시 중국 사회와 중국인이 겪고 있던 여러 문제와 불편을 모바일 결제 서비스가 해결했는데, 그 기술 중 하나가 QR 코드였을 뿐이다. 사실 QR 코드는 사용자 입장에서는 복잡하고 불편하다. 오히려 오프라인에서는 카드가, 모바일에서는 NFC가 훨씬 사용하기 쉽고 편하다.

하지만 중국에서는 어렵고 불편한 한자, 인프라 비용, 저신용 사회, 위폐 문제 등으로 인해 QR 코드를 채택한 모바일 결제 서비스가 빠르게 확산될 수 있었다. 또한 언어적인 문제로 인해 보이스챗과 보이스 검색, 이미지와 음성을 활용한 다양한 기술이 일찍부터 연구되고 개발되며 AI 관련 기술이 빠르게 발전했다. 이렇게 발전한 기술과 공산당 1당 정치 체제, 개인정보 보호 및 관리에 민감하지 않은 법규와 인식 탓에 중국은 오히려 AI 강국이 될 수 있었다. 그리고 현재는 전 국민을 대상으로 AI와 빅데이터로 검열하고 감시, 통제하는 빅브라더 국가가 된 것이다.

어떠한 제품이나 기술이 크게 성공했다고 해서 그 성공의 원인과 이유를 기술에서만 찾는 것은 잘못된 접근 방법이다. 그 이면에 사람들이 겪거나 제품이 해결하고자 했던 문제나 불편이 무엇이었는지 살펴보고, 이를 해결하는 데 사용된 기술이 적정한 기술이었는지 고민해야 한다. 물론 OpenAI가 개발한 ChatGPT와 같이 혁신적인 기술의 등장으로 인해 해당 기술을 어디에 어떻게 활용할지 그 활용처를 찾는 예외적인 경우도 있다. 하지만 대부분은 운전에 대한 피로와 길 찾기의 어려움, 교통사고로 인한 인명 피해를 막기 위해 자율주행 기술을 연구하고 개발하는 것처럼, 기술보단 인간의 요구와 필요가 우선하기 마련이다.

사용자의 인프라나 환경 등의 차이로 인해 기술의 활용 방식이나 사용성이 달라지는 경우도 있다. 웹사이트 내에서 페이지 이동 시에 창을 전환하지 않고 새 창이나 새 탭으로 띄운다면 사용자들은 어떠한 반응을 보일까? 국내에서는 사이트 내에서 이동 시에는 페이지를 전환하는 것으로 처리하고, 타 사이트로 이동하는 경우에만 새 탭이 열리는 것이 보통이다. 따라서 상품 상세 페이지의 하단에 위치한 추천 상품을 클릭할 때마다 페이지를 전환하지 않고 새 탭을 띄운다면, 사용자들은 불편하다며 수정을 요구할 것이다. 하나의 브라우저 창에서 이동하는 것이 편하지, 일일이 탭을 끄는 것이 귀찮고 불편하다는 인식이 있기 때문이다.

그래서 중국에서 전자상거래를 기획할 때 웹사이트 내에서 페이지를 이동할 때마다 새 탭으로 열리는 것을 보고 의아하게 생각했다. 상품을 구경하다 보면 새 탭이 여러 개씩 열려서 창 전환으로 기획하고 개발했더니, 테스트 과정에서 중국인 동료들이 페이지 이동 시에 새 탭으로 열리지 않는다며 개발이 잘못되었다고 수정을 요청했다. 나는 브라우저나 페이지 내에서 제공하는 뒤로 가기 버튼으로 페이지를 전환하는 것이 더 편하지 않냐며 설득하려 했다. 하지만 중국인 동료들은 한목소리로 불편하다고 했다. 그렇다고 해서 누구 하나 왜 수정해야 하는지에 대한 합리적이고 논리적인 이유를 설명한 것도 아니었다.

그러다 베이징에서 꼬박 하루가 걸리는 외진 시골 마을에서 테스트하며 정확한 이유를 알 수 있었다. 낮은 사양의 컴퓨터와 느린 인터넷 속도 때문에 여러 상품을 보고 비교하려면 한 창에서 이동하는 것보단 새 창이나 새 탭으로 여는 것이 훨씬 편했던 것이다. 페이지 이동 시마다 로딩에 몇 초씩 걸리다 보니 창이나 탭을 여러 개 띄워놓고 로딩이 끝나면 창이나 탭을 이동하며 상품을 비교했다. 이런 습관이 이어져 새 탭으로 띄우는 것이 중국인 사용자에게는 편했던 것이다.

이 외에도 중국 서비스들이 사용자의 열악한 인프라나 환경에서도 서비스를 원활히 제공하기 위해 얼마나 많은 고민과 노력을 하는지 깨달았다. 평소 중국 서비스들이 기획, 디자인, 개발 수준이 낮다고 생각했는데, 14억의 인구와 어려운 한자, 높은 문맹률, 넓은 영토, 인구밀도의 극심한 편차, 열악한 인프라 환경, 다양한 단말기 및 OS로 인한 파편화 문제 등 사용자의 다양한 요구와 조건, 환경을 이해하고 고려하며 서비스를 하는 중국의 IT 기업이 대단해 보였다.

일본의 사례도 몇 가지 살펴보자. 일본의 한 냉장고 제조 회사가 기존의 냉장고에 비해 크기가 작고 가격이 저렴한 냉장고를 새로 개발했다. 그리고 냉장고의 수요가 많은 동남아 시장에 이 냉장고를 판매하려 했다. 열대 날씨에 냉장고는 필요하지만, 소득 수준이 낮아 값비싼 냉장고에 부담을 느끼는 동남아 시장을 타깃으로 삼았으니 리스크가 전혀 없다고 생각했다. 그러나 동남아에서는 많은 음식을 보관해야 해서 큰 냉장고가 필요했다. 게다가 가격이 저렴한 만큼 성능이 떨어져 음식을 오랫동안 신선하게 보관하기 어려웠다. 동남아 시장에서 필요한 냉장고는 크고 성능이 좋으면서도 가격이 저렴한 것이었다. 그래서 판매에 부진을 겪으며 재고가 쌓이고 있었다.

이 회사는 고심 끝에 전략을 변경하여 추운 지역에 이 냉장고를 판매하기로 결정했다. 추운 지역에서는 크거나 성능이 좋은 냉장고가 그다지 필요 없어서 저렴하고 작은 냉장고가 큰 인기를 얻었다. 이 사례는 동일한 기술이라도 지역이나 환경에 따라 어떤 기술이 적절한지 달라질 수 있다는 것을 보여준다. 그리고 기업이 고객의 요구를 잘 살피고 파악하는 것이 얼마나 중요한지도 알 수 있다.

국내 IT 종사자들이 일본의 모바일 서비스를 보며 부러워하던 때가 있었다. 피처폰에서 **WAP**Wireless Application Protocol* 기반으로 돌아가는 일본의 모바일 서비스는 한국의 서비스에 비해 놀라울 정도로 발전해 있었기 때문이다. 그리고 당시에는 국내 통신사의 비싼 데이터 요금에서 그 이유를 찾았다. 통신사의 데이터 요금이 너무 비싼 나머지 사용자들이 모바일 서비스를 이용하길 꺼렸기 때문이다. 작은 화면에 느린 속도 때문에 좋은 서비스를 제공하기도 어려웠지만, 비싼 데이터 요금 등으로 인해 서비스 회사에서는 모바일 서비스를 열심히 개발하고 출시하지 않았다. 넓은 화면을 가진 피처폰이 출시되고 데이터 요금이 낮아지거든 출시하자며 천천히 준비하는 분위기였다. 그런데 갑자기 아이폰이 출시되며, 스마트폰과 앱 서비스로 모바일 환경이 급변한 것이다.

* WAP는 초기 모바일 인터넷을 위한 표준 프로토콜이다. 1990년대 후반에 개발되었으며, 당시에는 웹 접속이나 이메일, 메시징 등의 다양한 모바일 서비스를 제공하는 데 사용되었다. 당시 피처폰의 작은 화면과 느린 속도, 비싼 데이터 요금 등으로 인해 사용자들의 반응이 좋지 않았다. 결국 스마트폰의 등장과 확산으로 인해 피처폰과 함께 WAP도 자연스럽게 사라졌다.

최근 들어 일본의 IT 산업의 발전 속도가 한국이나 중국에 비해 너무 뒤처지는 것처럼 보인다. 코로나가 한참 심각하던 시기에, 일본 직장인들이 재택근무를 하면서도 결재를 받으려 출근하는 일본의 악명 높은 도장 문화를 국내 언론에서도 방송했다. 그러면서 일본 사회의 답답한 행정 문화를 비롯해 여전히 전산화가 이루어지지 않은 실태에 대해 연신 비판 기사를 쏟아냈다. 인공지능을 이야기하는 시대에 도장 하나 찍겠다고 출근하는 일본의 상황을 이해할 수 없었다.

그러다 일본에서 기획자로 일하고 있는 후배에게 그 이유를 들었다. 매년 크고 작은 자연재해를 겪다 보니 전환이 늦을 수밖에 없다는 것이다. 2019년 11월에 KT 아현지사의 화재로 인해 서울 강북 일대에서 KT망을 사용하는 매장의 인터넷 연결이 끊기는 사고가 있었다. 금융기관과 공공기관도 문제가 있었는데, 스타벅스만이 평소에도 통신망을 3중으로 구축해서 정상적으로 영업했다고 한다. 그런데 매년 크고 작은 지진과 쓰나미 등의 자연재해를 겪는 일본의 경우에는 전력망이나 통신망이 끊기는 경우가 많다. 그래서 핀테크 육성을 통한 현금 없는 사회를 지향하거나 짧은 주행거리로 잦은 충전이 필요한 전기차 사업을 육성하기가 조심스러운 것이다.

반면 일본에서 암호화폐와 관련된 산업은 상대적으로 빠르게 발전했다. 암호화폐는 블록체인을 기반으로 분산 원장에 기록되기 때문에 자연재해로 인해 소실될 위험이 적고, 전 세계 어디서든 통용될 수 있는 글로벌 안전 자산이라는 기대가 있었기 때문이라고 한다. 부동산이나 현금, 금은 쓰나미에 쓸려갈 수 있지만, 암호화폐는 암호키만 알면 전 세계

어디서든 복구가 가능하다. SpaceX의 위성 인터넷 서비스인 스타링크starlink가 2022년 10월에 아시아 최초로 일본에 진출한 것도 자연재해가 발생했을 때 통신 인프라를 제공할 수 있기 때문이다.

앞서 이야기한 여러 사례를 보면, 사용자의 문화나 역사, 언어, 관습, 환경 등을 고려하지 않으면 제아무리 뛰어나고 좋은 기술이라도 실패한다는 것을 알 수 있다. 반대로 실패한 기술이 특정 지역과 환경에서는 성공할 수도 있다. 따라서 성공하는 제품을 개발하기 위해서는 사용자의 요구를 세심하게 관찰해야 한다. 결국 기술은 사람이 겪는 문제나 불편을 해결하기 위한 도구이자 수단일 뿐이다.

어느 때보다도 기술 혁신과 경쟁으로 인해 인류 사회의 위기와 위협이 고조되고 있다. IT 산업의 최일선에서 기술 혁신을 리딩하는 IT 종사자들이 기술에만 집착하지 않고 인문학을 공부하며 인간 중심으로 생각하고 사고할 필요가 있다. 인간과 기술을 연결하고 관통하는 통찰과 통섭의 역량이 점점 중요해지고 있기 때문이다.

10

고객 집착과 우선순위

제품이 실패하는 가장 큰 이유는 기획자와 디자이너가 UI/UX를 잘못 설계해서도 아니고, 개발자가 개발을 잘못해 오류나 장애가 자주 발생해서도 아니다. 지금은 수억 명 이상이 사용하고 있는 구글과 마이크로소프트, 메타, 아마존의 초기 제품을 찾아보면 예쁘지도 않았고 오류와 장애도 많았다. 그렇게 형편없었음에도 불구하고 크게 성공한 서비스가 있는가 하면, 대다수 서비스는 실패하고 시장에서 사라졌다.

서비스가 실패하는 이유는 시장조사를 제대로 수행하지 않거나 왜곡된 데이터를 기반으로 결과를 도출하며 시장 적합성을 찾지 못했기 때문이다. 시장 적합성은 제품이 시장에서 고객의 요구를 충족하고 지속 가능한 사업 모델을 구축한 상태를 의미하므로, 이를 찾지 못하면 결국 시장에서 외면받고 실패한다.

시장 적합성을 찾기 위해서는 시장조사를 제대로 수행해야 하지만, 인력과 시간, 자금 등이 부족하다며 적은 리소스를 핑계로 제대로 조사하지 않는 기업이 많다. 또한 수직적인 위계질서를 가진 기업에서는 고객의 요구보다는 경영진이나 상사가 요구한 아이디어가 진행될 수 있도록 시장조사 결과와 데이터를 왜곡하여 사업계획서를 작성하거나 프로젝트를 진행시킨다. 애초 첫 단추가 잘못 끼워졌는데 과연 제품이 성공할 수 있을까? 그러면서 정작 실패하면 담당자나 실무자에게 책임을 묻는다. 제품에 대한 성공의 열쇠는 고객이 쥐고 있다. 따라서 프로덕트 팀의 고객에 대한 이해와 집착이 제품의 성공 가능성을 높인다.

고객에게 집착하기 – 디자인 싱킹 방법론

기획자가 제품에 대한 사업 계획을 할 때 **상위 기획**이라는 과정을 거친다. 그리고 이 상위 기획 과정에서 **디자인 싱킹**design thinking 방법론을 활용한다. 디자인 싱킹은 스탠퍼드 대학교의 디자인 스쿨에서 학문적 토대를 다지고, 세계적인 디자인 기업인 아이디오IDEO*에서 사용하며 확산된 사용자 중심의 문제 해결 방법론이다.

이 방법론은 고객의 문제나 불편을 해결하기 위해 '공감 > 문제 정의 > 아이디어 도출 > 프로토타입 제작 > 테스트'라는 5단계를 반복적으로 수행한다. 이 과정을 통해 고객의 문제나 불편을 이해하고 공감하며, 문제를 명확히 정의하고, 이를 해결하기 위해 창의적이고 혁신적인 아이디

* https://www.ideo.com/

어를 모색한다. 그리고 간단한 프로토타입을 제작하여 테스트를 진행해서 효과적으로 문제를 해결하는 과정을 반복한다. 이를 통해 구성원의 학습과 성장을 도모할 수 있는 솔루션을 제공한다. 이런 점에서 제품을 개발하는 프로덕트 조직을 효율적으로 운영하고 구성원이 함께 성장하기 위해 도입된 애자일 방법론과 그 궤를 같이한다.

디자인 싱킹 방법론을 활용한 기획자의 상위 기획 과정은 다양한 활동으로 이루어진다. 데스크 리서치, 설문 조사, 인터뷰, 사용자 관찰 등을 포함하여 경쟁사 조사 및 경쟁 제품의 벤치마킹 등의 시장조사를 통해 고객의 문제와 불편을 이해하고 공감하며 문제를 명확히 정의한다. 이를 통해 아이디어를 사업화하고, **페르소나**persona를 도출하며 목표 고객을 선정한다. 그리고 **고객 여정 지도**user(customer) journey map를 작성하며 창의적이고 혁신적인 아이디어를 모색한다. 이렇게 시장과 고객, 경쟁사를 조사하고 분석하며 제품의 목표와 방향을 설정한다.

그러나 이렇게 설정된 목표와 방향은 고객에게 검증받지 않은 가설에 지나지 않는다. 그러므로 최소한의 기능을 구현한 제품인 **최소 기능 제품**minimum viable product, MVP을 개발해서 MVP를 가지고 **유저 테스트**user test, UT를 진행하며 시장 적합성을 찾기 위해 노력한다. 즉, 제품의 목표 및 방향성을 설정하고, 가설을 검증하며, 시장 적합성을 찾아가는 모든 과정이 기획자의 상위 기획 과정이라고 할 수 있다.

시장 적합성을 찾으려면 제품을 이용할 대상, 즉 목표 고객이 누구인지 이해하고 목표 고객의 행태를 파악해야 한다. 그리고 제품이 해결할 고객의 요구나 문제를 목표 고객이 일상에서 어떻게 다루는지 살펴볼 필요가 있다. 경쟁 제품이 이미 있다면, 이를 어떻게 이용하고 있는지, 경쟁 제품에서는 또 다른 문제나 불편을 겪고 있지는 않은지 파악해야 한다. 이를 위해 프로덕트 팀은 목표 고객을 이해하고 고객 관점에서 경쟁사를 분석하기 위해 페르소나를 설정하고 고객 여정 지도를 작성한다.

페르소나 설정하기

페르소나란 제품을 사용할 만한 목표 인구 집단에 속한 다양한 사용자의 유형을 대표하는 구체화된 가상의 인물을 말한다. 그런데 페르소나를 설정하는 과정에서 발생하는 가장 큰 문제는 실무에서 페르소나를 제대로 설정한 경험이 없다는 것이다. 여러 기획자에게 맡고 있는 제품의 페르소나를 어떻게 설정했는지 물어보면, 가상의 인물에만 집중한 나머지 내부 구성원들이 목표로 생각하는 고객층을 정말 가상으로만 만들었다. 그러다 보니 제품을 공개했을 때 실제 제품을 사용하는 고객과 큰 차이가 발생한다. 페르소나를 잘못 설정하면 제품을 사용하는 실제 고객을 만족시키지 못하고, 제품이나 전략을 급히 수정해야 하거나 결국 실패한다.

그렇다면 페르소나는 어떻게 설정해야 할까? 페르소나를 설정하려면, 우선 제공하려는 제품과 관련하여 프로젝트 팀이 목표 고객의 특성을 이해하는 데 필요한 주요 **사용자 특질**critical characteristic을 추출해야 한다. 여기서 사용자 특질은 매우 나쁨에서 매우 좋음까지, 또는 매우 낮음에서 매우 높음까지 등 1~5점 또는 1~10점으로 점수를 매겨서 정량적이고 객관적으로 측정하거나 평가할 수 있는 것으로 정해야 한다. 그리고 유저 리서치나 유저 테스트 등을 진행하며 고객으로부터 설문 조사를 받거나 관찰하여 특질에 대한 점수를 기록한다. 다수의 고객으로부터 답변을 받거나 관찰하다 보면 사용자 특질에 일정한 패턴behavior pattern mapping이 생기는데, 이 패턴을 기반으로 생성된 가상화된 유저가 바로 페르소나다.

주요 사용자의 특질을 추출하기 위해서는 프로덕트 팀이 해당 도메인과 제품을 제대로 이해해야 한다. 그리고 이러한 이해를 바탕으로 적절한 설문을 작성한다. 고객에게서 공통된 특성을 추출하려면 프로덕트 팀이 알고 싶어 하는 사용자의 특질에 대해 설문을 작성해서 사용자에게 답변을 요구해야 한다. 따라서 오해하거나 주관적인 답변을 하지 않도록 명확하고 구체적인 질문을 객관식으로 작성하고 답변을 점수화할 수 있게 만들어 제공하는 것이 중요하다. 답변의 패턴을 시각적으로 한눈에 파악할 수 있게 다음의 그림과 같이 한 장의 표로 패턴 매핑을 작성했지만, 원래는 사용자의 답변이 완료된 여러 장의 설문지로 되어 있다. 따라서 가로 한 줄이 하나의 설문과 이 설문에 응답한 사용자의 답변을 표시한 셈이다.

가끔 "페르소나는 1명이어야 하는 것 아닌가요?"라고 질문하는 사람이 있다. 하지만 꼭 그렇지는 않다. 다음의 그림과 같이 에듀테크 서비스의 경우에는 1~2등급의 학업 상위권과 그 외 3~9등급의 중하위권 학생으로 나누면서 2개의 패턴이 생성될 수 있다. 이런 경우에 비즈니스 전략에 따라 두 페르소나를 함께 공략할지, 아니면 하나의 페르소나에만 집중

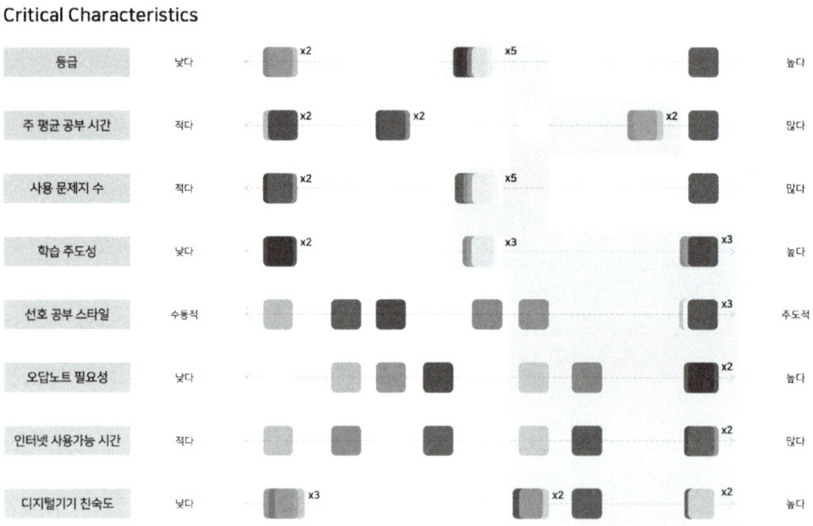

▲ 페르소나를 설정하기 위해 작성된 사용자 특질과 이에 따른 고객들의 답변을 패턴 매핑한 예시

할지 선택할 수 있다. 한 페르소나에 집중하더라도 상위권 학생은 소수이기 때문에 시장의 규모를 고려하여 풍부한 리소스를 통한 매스 마케팅을 진행해서 중하위권 학생에 집중할지, 아니면 부족한 리소스를 고려해 상위권 학생을 먼저 공략한 다음 '1~2등급 학생들이 이용하는 서비스'라고 홍보하며 중하위권 학생으로 빠르게 대상을 확대해나갈지 선택할 수 있다.

따라서 주요 사용자 특질을 추출하고 이를 측정할 수 있는 설문을 작성하거나 페르소나를 통해 고객을 이해하고 공감하며 인사이트를 얻기 위해서는 결국 프로덕트 팀의 높은 제품 이해도가 중요하다고 할 수 있다.

고객 여정 지도 작성하기

고객 여정 지도란 고객이 제품을 경험하는 과정이나 단계, 즉 고객이 처음 정보를 탐색하는 단계부터 제품의 제공이 완료되는 단계까지 그림이나 사진, 도표 등으로 시각화한 도구다. 고객 여정 지도를 작성하면 고객이 제품을 어떻게 받아들이고 사용하는지를 고객 관점에서 파악할 수 있다. 이를 통해 새로운 기회나 문제점 등을 발견하고, 서비스 개선을 위한 방안을 모색하며, 스프린트 목표나 업무의 우선순위 등을 결정할 수 있다.

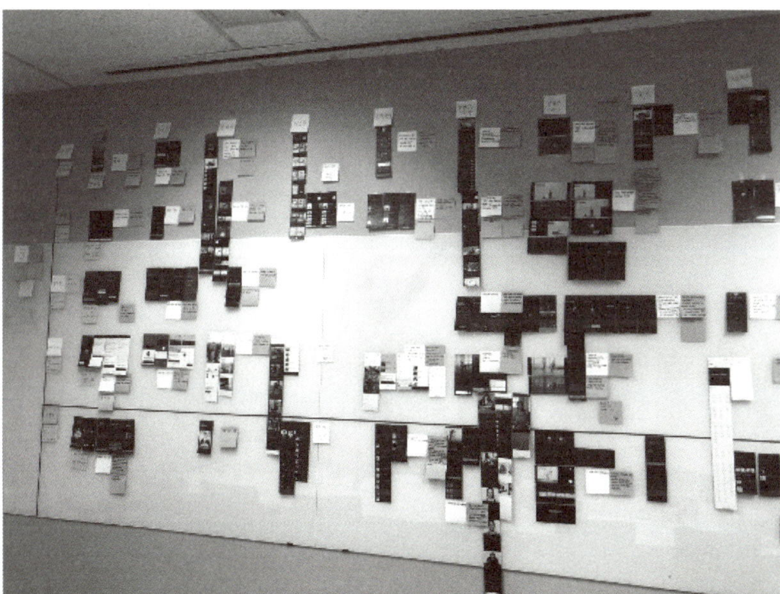

▲ 회의실의 한쪽 벽면을 가득 채운 고객 여정 지도 예시

고객 여정 지도는 프로덕트 팀이 시장 및 경쟁사, 고객을 조사하는 상위 기획 과정부터 작성하여 제품을 제공하고 개선하는 과정에서도 지속적으로 업데이트해야 하는 작업이다. 즉, 고객 여정 지도의 작성 및 업데이트는 제품의 전체 생애 주기와 함께하는 매우 중요한 작업인 셈이다. 그러나 고객 여정 지도를 제대로 작성하지 않아 활용도가 떨어지거나, 업데이트 및 관리에 어려움을 겪으며 벽면에 흉물스럽게 자리만 차지하는 경우가 많다.

고객 여정 지도는 가로를 기준으로 3단으로 나뉜다. 상단에는 시장이나 경쟁 제품과 관련된 내용을 작성하고, 중간에는 고객이 시장이나 경쟁 제품에서 느끼는 감정(만족도)을 곡선으로 표현하며, 하단에는 자사 제품과 관련된 내용을 작성한다. 이를 간단하게 도표로 표현하면 오른쪽 그림과 같다.

상단에는 직접적인 경쟁 제품 중 상위 1~3위 제품과 직접적인 경쟁 제품은 아니더라도 대체 시장의 제품을 다룬다. 에듀테크 서비스를 예로 들면, 오프라인 학원이나 시중 교재는 온라인에서 직접적으로 경쟁해야 하는 제품은 아니지만 방과 후 한정된 학습 시간을 놓고 경쟁해야 하다 보니 경쟁자로 고려하여 다룰 수 있다.

중간 영역에는 상단에서 조사한 경쟁 제품을 통해 사용자가 느끼는 감정 곡선을 그린다. 이는 목표 고객의 대표인 페르소나가 고객 여정에 따라 경쟁 제품별로 느끼는 감정, 즉 만족도를 점수화하여 표시해서 곡선으로 연결한 것이다. 따라서 조사한 경쟁 제품 수에 따라 여러 개의 곡선으로 표시할 수 있다.

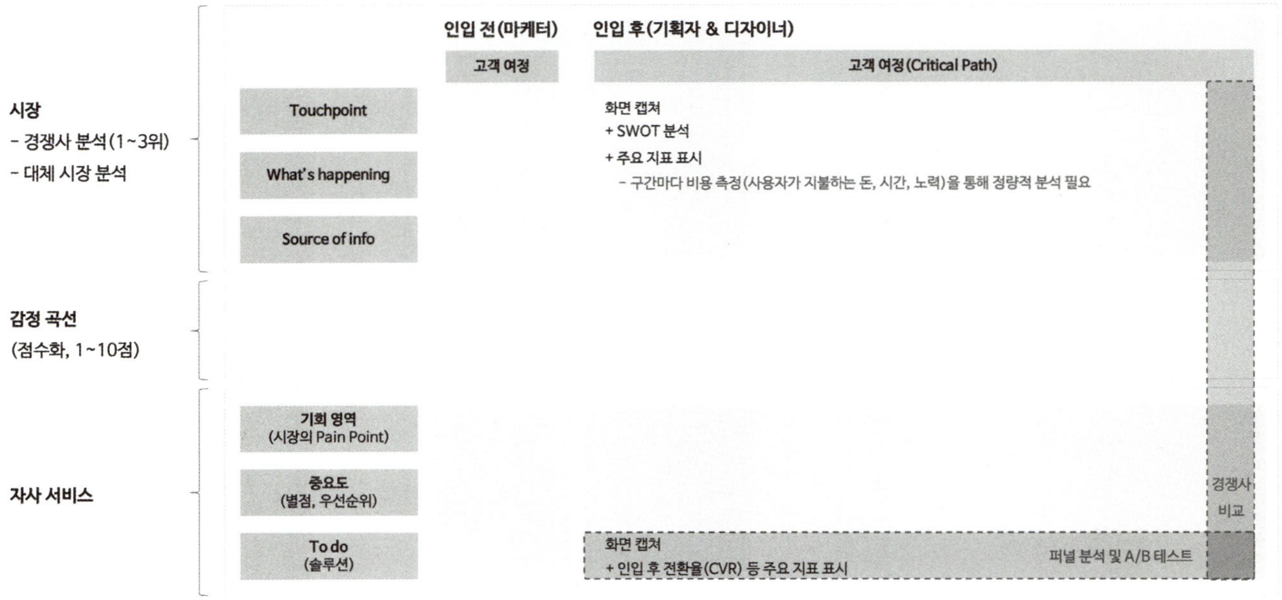

▲ 고객 여정 지도 작성 양식 예시

하단 영역에는 상단의 시장 조사 결과와 중간의 감정 곡선을 통해 자사 제품에 어떠한 기회 요소opportunity(즉, 시장 실패pain point)가 있고, 이를 위해 자사 제품은 무엇을 할 것인지(즉, 솔루션)를 작성한다. 보통 경쟁 제품에 대한 사용자의 감정 곡선이 낮은 단계의 문제점이 시장 실패의 주된 요인이기 때문에 이를 해결했을 때 자사 제품이 시장에서 강점이나 차별성을 가질 수 있다. 다만 여러 기회 영역이 존재하는 경우에는 일정이나 리소스 등의 이유로 동시에 MVP를 만들어 테스트하거나 해결하지 못할 수 있기 때문에 중요도에 따라 별점을 표시하여 우선순위를 정한다.

세로로는 고객이 제품을 경험하는 과정이나 단계인 고객 여정을 표시한다. 따라서 도메인이나 제품마다 다를 수밖에 없다. 제품마다 특정 기능이나 화면이 없을 수도 있기 때문에 이를 고려해서 주요 화면critical path을 중심으로 작성하면 된다. 즉, 특정 제품에 해당 기능이나 화면이 없다면 작성하지 않고 비워둔다. 작성해야 하는 주요 여정은 제품 인입 전과 인입 후(앱 서비스의 경우에는 설치 전과 설치 후)로 나뉜다. 그리고 제품 인입 전은 보통 마케터가 작성하고, 제품 인입 후는 기획자와 디자이너 등이 함께 작성한다. 인입 후 고객 여정의 경우에는 보통 **터치 포인트**touch point가 제품의 화면이기 때문에 경쟁사 제품을 벤치마킹하는 과정에서 캡처한 화면을 출력해 붙여놓고, 그 옆에 화면별로 **SWOT 분석***과 관

* SWOT 분석이란, 제품의 내부 및 외부 환경을 분석하고 강점(Strengths), 약점(Weaknesses), 기회(Opportunities), 위협(Threats)의 요소를 도출하며 전략 수립 및 의사 결정에 도움을 주는 분석 방법이다. 나의 경우에는 제품 화면마다 서로 다른 색상의 포스트잇 4장을 붙여 SWOT 분석 결과를 작성하고 자사 제품이 이와 관련하여 경쟁력을 갖추거나 요소를 제거하면 포스트잇을 제거하는 방식으로 활용하고 있다.

련 지표를 포스트잇에 작성하여 붙여놓는 방식으로 고객 여정을 작성한다.

고객 여정 지도는 주기적으로 업데이트한다. 그 주기는 동료들과 협의해서 정한다. 나는 한 달마다(애자일 조직에서는 보통 2주를 스프린트 주기로 정하고 스크럼을 진행하기 때문에 4주마다 업데이트한다) 정보를 업데이트한다. 고객 여정 지도를 처음 작성한다면, 일주일에 4시간씩 한 달 정도 걸릴 것이다. 주기적으로 업데이트하는 것은 작성보다 더 어렵다. 신경 쓰지 않으면 업데이트 없이 회의실 한쪽 벽면에 흉물스럽게 방치되는 경우가 많기 때문에, 관리하는 데 지속적인 관심과 노력이 필요하다.

고객 여정 지도를 작성하는 데 가장 큰 실수나 오해가 있다면, 이를 서술형의 문장으로 작성해야 한다고 생각하는 것이다. 온라인상에서 접할 수 있는 고객 여정 지도는 보안상의 이슈로 인해 경쟁 제품이나 자사 제품에 대한 주요 정보나 지표가 누락되는데, 이런 자료만 접하면 고객 여정 지도를 서술형의 정성적인 내용으로만 작성하려 든다. 그러나 정성적인 내용으로는 경쟁 제품과 비교 분석하거나 자사 제품이 성장하고 있는지 측정하기가 어려우므로 수치나 지표를 활용해 정량적으로 작성해야 한다.

따라서 경쟁 제품의 여러 지표를 되도록 많이 찾아 기록한다. 이를 위해 기사나 앱 스토어 정보, 솔루션 등을 활용하여 다운로드 수, 회원 수, DAU/MAU, 리뷰 수와 별점 등의 수치와 변화를 기록한다. 또한 고객 여정은 각 과정이나 단계에서 고객이 지불하는 비용, 즉 돈이나 시간, 노력

등을 정량적으로 측정하여 표시해서 비교 분석해야 한다. 예를 들어 특정 제품 화면에서 다음 화면으로 이동하는 데까지 걸리는 평균 체류 시간average duration time이나 평균 클릭 수, 로딩 시간loading time, 평균 할인율 등 고객이 해당 화면에서 지불해야 하는 비용이나 중요한 지표가 무엇인지 판단하고, 이를 측정하여 기록한 다음 경쟁 제품과 자사 제품을 비교 분석하는 것이다.

또한 자사 제품을 출시하여 데이터가 쌓이기 시작하면, 하단의 솔루션 영역에 자사 제품의 화면을 캡처하고 체류 시간, 클릭 수, 로딩 시간 등의 수치를 비롯하여 **재방문율**retention rate, **전환율**conversion rate, CVR 등의 주요 서비스 지표도 기록한다. 그래서 세로축에서는 경쟁 제품과 주요 화면별로 비교 분석하고, 가로축으로는 자사 제품에서 주요 화면의 평균 전환율average CVR 대비 전환율이 낮은 화면부터 다시 문제를 정의하고 가설을 설정하며 실험을 통해 수치와 지표를 개선해나간다. 이렇게 세로축과 가로축을 함께 비교 분석하며 경쟁 제품보다 더 좋은 제품을 만들고 전환율을 높이는 등 자사 제품의 지표를 꾸준히 개선하다 보면 경쟁에서 승리할 수 있다.

고객 여정 지도를 작성하고 업데이트하는 데는 많은 시간과 노력이 필요하다. 하지만 고객 여정 지도는 고객의 입장에서 제품을 이해하고 요구사항을 충족시키는 제품을 개발하는 데 도움이 되는 중요한 도구다. 고객 여정 지도를 통해 제품의 가설이나 업무의 우선순위, 스프린트 목표 등을 설정할 수도 있다. 따라서 상위 기획 시에만 작성하고 폐기할 것이 아니라 제품의 생애 주기와 함께하며 주기적으로 업데이트하고 관리해야 하는 매우 중요한 작업이라고 할 수 있다. 그러나 이를 제대로 작성하거나 관리하는 기업은 거의 없어 보인다.

디자인 싱킹과 애자일 방법론의 관계

디자인 싱킹 방법론은 앞서 살펴본 애자일 방법론과 별개로 두는 독립적이고 개별적인 방법론이 아니다. 애자일 방법론이 스프린트 주기에 따라 개발이 진행되기 때문에 보통 디자인 싱킹도 스프린트 주기에 따라 진행된다. 애자일 방법론은 스프린트라는 주기의 개념을 가지고 있지만, 디자인 싱킹 방법론은 별도의 정해진 일정이나 주기가 없기 때문이다. 따라서 1 스프린트 동안 디자인 싱킹 과정을 통해 어떠한 기능이나 화면을 개발하거나 개선할지 결정하고, 화면 기획(상세 기획)과 함께 디자인 작업까지 진행한다. 그런데 많은 프로덕트 조직에서 이렇게 기획 및 디자인된 작업물을 동일 스프린트 내에서 개발까지 진행한다. 2주를 1 스프린트로 운영하는 애자일 조직에서는 기획과 디자인, 개발이 10일 내로 모두 진행되어야 한다는 말이다. 그러면 기획과 디자인, 개발이 모두 시간이 부족하여 프로젝트는 물론 제품까지 엉망이 된다. 그러니 디자인 싱킹 방법론도, 애자일 방법론도 제대로 운영되지 않는 것이다.

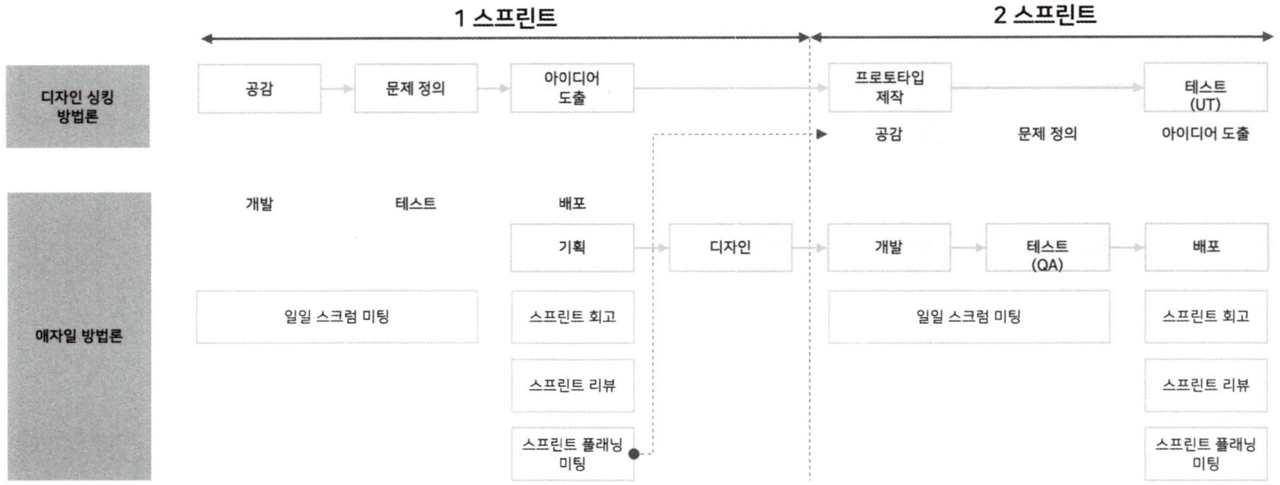

▲ 스프린트 주기에 따른 디자인 싱킹 방법론과 애자일 방법론의 운영 예시

따라서 그림과 같이 디자인 싱킹 방법론과 애자일 방법론을 모두 적용하는 프로덕트 조직에서는 상위 기획 과정('공감 > 문제 정의 > 아이디어 도출'이라는 디자인 싱킹 과정이 고객 여정 지도를 업데이트하며 진행된다)과 디자인이 이를 위한 개발 과정보다 한 스프린트 앞서 진행되어야 한다. 즉, 이번 스프린트에서 진행된 디자인 싱킹의 결과는 다음 스프린트에서 개발하는 것이다. 그래서 칸반 보드의 현재 진행 중인 스프린트에는 이번 스프린트에서 진행해야 하는 개발 작업과 함께 디자인 싱킹을 통해 다음 스프린트에서 개발하게 될 내용의 기획과 디자인 작업이 동시에 표시된다. 그러면 이번 스프린트에서 할당된 모든 작업을 완료한 개발자라면 다음 스프린트에서 진행할 내용을 확인해서 미리 작업할 수 있다.

의사결정하기

기획자로 일하면서 프로젝트를 진행하다 보면 셀 수 없이 많은 의사결정을 내려야 한다. 그래서 기획자는 프로덕트와 관련하여 의사결정을 하는 직군이라고 이야기해도 과언이 아닐 것이다. 따라서 합리적이고 논리적인 의사결정을 빠르고 효율적으로 하는 것이 중요한데, 이를 위해 다음과 같은 프로세스를 거친다. 바로 **단순화**simplicity, **우선순위**prioritization, **트레이드오프**trade-off다.

예컨대 **백로그**backlog* 에 10가지 업무가 있다고 하자. 가장 먼저 내려야 할 의사결정은 10가지를 모두 해야 하는지를 판단하는 것이다. 그중 필

* 백로그는 칸반 보드에서 앞으로 해야 할 일감(또는 이슈)을 등록하는 보드다.

요하지 않은 업무 5가지를 소거하는 것이 '단순화'다. 남은 5가지 업무도 동시에 진행할 수 없기 때문에 어떤 업무가 중요하고 시급한지 결정하여 업무의 순서를 정한다. 이 의사결정이 바로 '우선순위'다. 우선순위를 정했다면 1순위로 정한 업무를 먼저 진행할 텐데, 1번 업무를 진행하는 데 있어 기획자가 생각한 해결책이 비효율적이거나 구현하기 어려울 수 있다. 그래서 디자이너와 개발자가 찾아와 다른 해결책을 제안할 수도 있고, 문제를 해결하는 데는 수많은 방법이 있을 수 있다. 그중에서 하나를 선택하는 의사결정이 바로 '트레이드오프'다.

단순화, 우선순위, 트레이드오프 중에서 가장 중요한 의사결정은 단순화다. 단순화가 의사결정 프로세스에서도 가장 먼저 고민해야 할 것이기도 하지만, 단순화를 추구하면 우선순위 및 트레이드오프의 빈도를 줄일 수 있기 때문이다. 경영진이나 비즈니스 팀의 요청 사항, CS 팀으로부터 전달되는 고객 요구사항, 기능 및 지표의 개선, 프로덕트 팀 내부 이슈, 장애나 오류의 발생 등 하루에도 수많은 업무가 쏟아진다. 이 중에서 해야 할 필요가 없거나 가까운 시일 내에 처리할 필요가 없다면 소거해야 한다.

우선순위는 해야 할 업무 중에서 그 작업의 순서를 정하는 것이다. 따라서 업무가 단순해질수록 우선순위의 의사결정은 줄어든다. 제품 개발에 있어 우선순위를 결정하는 것은 제품의 성공과 직결되기 때문에 매주 중요하다. 애자일 조직에서는 스프린트 주기로 업무가 진행되기 때문에 이 주기에 따라 업무의 우선순위를 결정하기 위한 다양한 프레임워크가 개발됐다. 앞서 디자인 싱킹 방법론에서는 고객 여정 지도를 작성해서 어떠한 기능이나 화면을 우선 개발하거나 개선해야 하는지를 결정했다. 그리고 애자일 방법론에서는 스프린트 플래닝 미팅을 진행할 때 ICE 또는 RICE 프레임워크 등을 활용해 구성원 모두가 협의하여 다음 스프린트에서 진행할 작업의 우선순위를 결정했다. 애자일 조직에서 업무의 우선순위는 구성원이 협의해서 결정하는데, 구성원들의 협의가 효율적이고 효과적으로 진행되기 위해서 고객 여정 지도를 작성하거나 ICE/RICE 프레임워크 등을 활용하는 것이다. 개인적으로는 스프린트 플래닝 미팅을 진행하며 시장과 경쟁 제품, 고객의 의견, 서비스 분석 결과 및 각종 지표 등을 모두 반영한 고객 여정 지도를 통해 업무의 우선순위를 결정하는 것을 선호한다. ICE/RICE 프레임워크를 비롯하여 많은 우선순위 결정 프레임워크가 내부 구성원의 의견만 반영하며 우선순위를 결정하기 때문이다. 그래서 고객 여정 지도를 기반으로 우선순위를 결정하되 구성원 간에 논란이 발생하거나 별도의 협의가 필요한 경우에 ICE/RICE 프레임워크 등을 활용한다.

트레이드오프는 한 측면에서 이익을 얻는 대신 다른 하나를 포기하거나 이익이 감소할 만한 절충을 하는 의사결정이다. 예컨대 개발 기간을 늘리면 제품의 완성도는 높아질 수 있지만, 개발 기간이 늘어남에 따라 비용은 증가할 것이다. 따라서 기간과 비용 사이에서 최고 또는 최선의 결과를 만들어낼 수 있도록 의사결정을 해야 한다. 일을 하다 보면 어쩔 수 없이 트레이드오프를 해야 하는 여러 상황을 맞닥뜨린다. 하지만 개인적으로는 이런 의사결정을 선호하지 않는다. 단순함과 우선순위는 치열한 고민의 과정이자 결과물이지만 트레이드오프는 적당히 타협하거나 포기할 정당성을 부여하거나 그런 식의 의사결정을 유도하기 때문이다. 만약 트레이드오프라는 의사결정을 했다면, 고객을 위한 결정이었는지, 나 자신 또는 동료를 위한 결정이었는지 되돌아볼 필요가 있다.

11

보이지 않는 진의

IT 산업은 영어로 된 전문 용어가 많아서 용어를 잘 알고 이해할 필요가 있다. 용어가 무슨 뜻인지 이해하지 못한다면 동료와의 대화를 정확히 파악하지 못해 실수하거나 일하는 데 걸림돌이 되기 때문이다.

그런데 모든 산업에서 IT가 중요해지고 IT 기술을 통한 업무 효율화가 진행되다 보니, 직군 전환을 통해 비IT 직군에서 갑작스럽게 IT 업무를 맡는 경우가 있다. 그래서 익숙하지 않은 IT 용어 때문에 애를 먹거나 쉽게 풀어서 말하지 않는다며 원망하는 경우가 있다. IT 직군에서 상대방을 배려하여 전문 용어의 사용을 자제하고 쉽게 설명하면 좋겠지만, 막상 전문 용어를 사용하지 않고 대화하거나 일일이 풀어서 설명하기가 정말 어렵고 힘들다. 그러므로 모르는 용어가 등장하면 대화를 하다가도 바로 물어봐야 한다. 또 생소하거나 모르는 용어가 등장했다면 이를 노트에 적어뒀다가 찾아보고 익혀야 한다.

그러나 용어가 표현하고자 했던 행간의 의미나 의도보다는 용어의 해석에만 집중하면 잘못된 행동이나 결과로 이어지는 경우가 있다. 어떤 용어는 마케팅이나 홍보의 목적으로 만들어지고 트렌드에 따라 강조되다 보니, 마케팅이나 트렌드에 휩쓸리며 정작 중요한 본질은 잊거나 놓치는 경우도 있다. 그리고 잘못된 통념이 업계에 확산되기도 한다. 즉, 용어의 함정에 빠지는 것이다.

용어의 함정

최소 기능 제품minimum viable product, MVP이란 고객에게 제품의 가치나 가설을 검증하는 데 필요한 최소한의 기능을 구현한 제품을 말한다.

리소스가 부족한 스타트업에서는 비즈니스 리스크와 비용을 줄이기 위해 아이디어를 빠르게 검증하는 것이 무엇보다 중요하다. 따라서 스타트업 생태계에서 **린**lean **이론***이나 MVP 등이 왜 등장했고 중요해졌는지 이해된다. 하지만 MVP가 고객을 통해 제품의 가치나 가설을 검증하는 데 필요한 최소한의 기능을 구현한 제품이라고 해서 그 최소한의 기능의 완성도가 낮아도 된다는 의미는 아니다.

* 린 이론은 에릭 리스(Eric Ries)의 저서 《린 스타트업》(인사이트, 2012)에서 제시한 스타트업 경영 방식이다. 린 이론은 자원을 효율적으로 사용하고 위험을 최소화하는 것이 스타트업의 핵심이며, 이를 위해 최소 기능 제품을 개발하고 빠른 실험과 반복을 통해 지속적으로 학습 및 개선해야 한다고 한다.

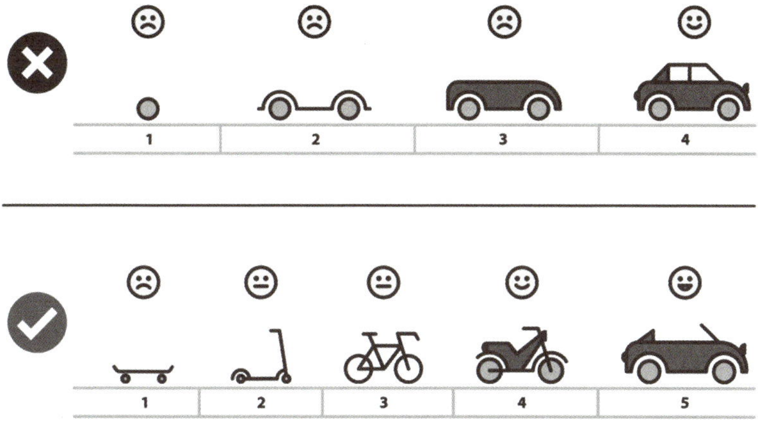

▲ MVP를 설명하는 가장 유명한 이미지이지만, 가장 잘못 설명한 예시다. 최소 기능 제품이라고 해서 완전히 다른 제품을 만들면 안 된다.*

시장에는 이미 스케이트보드, 킥보드, 자전거, 오토바이, 자동차 등 다양한 이동수단이 존재한다. 예를 들어, 도시에서 도시로 빠르고 편하게 이동하기 위한 혁신적인 이동수단을 제공하는 것이 조직의 미션이자 목표라고 하자. 그렇다면 MVP를 개발한다며 스케이트보드를 만들어 테스트할 수는 없다. 사람이 탑승 가능한 캡슐을 진공 튜브를 통해 초고속으로 이동시키는 스페이스X의 하이퍼루프와 같은 아이디어쯤은 떠올려야 한다. 이를 검증하기 위해 축소된 모형과 함께 짧은 구간이라도 구현해서 테스트해야 한다. 게다가 유저 테스트를 위해 만들어진 기능의 완성도는 높아야 한다. 낮은 완성도의 제품으로 유저 테스트를 한 번이라도 진행해본 경험이 있다면, MVP를 설명하는 문구에 '최소한'이라는 규모나 범위와 관련된 내용은 있어도 왜 품질이나 성능과 관련된 내용이 없는지 이해할 수 있을 것이다.

---

* https://en.wikipedia.org/wiki/Minimum_viable_product

MVP를 가지고 유저 테스트를 진행하기 위해서는 사전에 테스터를 모집해야 한다. 그리고 모집한 테스터를 통해 페르소나와 고객 여정 지도를 업데이트하거나 인사이트를 추출하기 위해 사전·사후 설문지를 작성하고 준비해야 한다. 또한 MVP를 만드는 데도 많은 시간과 인력, 노력이 필요하다. MVP를 이용하는 사용자의 행태를 통해 인사이트를 추출하기 위해 실시간으로 촬영하고, 맥락을 이해하고 파악할 수 있는 기획자나 디자이너 등의 관찰자들이 사용자와 분리된 공간에서 그 행동을 유심히 관찰하고 기록하며, 관찰한 기록을 가지고 테스터와 함께 녹화된 영상을 보며 인터뷰를 진행한다. 그렇게 테스트가 끝났다고 해서 유저 테스트의 모든 과정이 끝난 것도 아니다. 그 결과를 정리하여 구성원들에게 공개 및 공유해야 한다.

이렇듯 MVP를 개발하고 유저 테스트를 완료하기까지 여러 동료들이 상당한 시간과 노력, 비용을 투자해야 한다. 그런데 완성도 낮은 MVP로 유저 테스트를 진행하면, 계속되는 테스터들의 질문과 불만을 처리하다 제대로 분석하거나 인사이트를 얻지 못하고 시간만 버리기도 한다. 이렇게 진행된 유저 테스트 결과를 구성원들이 신뢰하고 공감하기는 어렵다.

고객에게 MVP를 만들어 유저 테스트를 진행할 때 회원가입, 로그인, 마이페이지, 고객센터 등 제품의 가치나 가설을 검증하는 데 필요 없는 화면이나 기능을 개발할 필요는 없다. 하지만 검증하려는 화면이나 기능은 높은 완성도로 개발해야 한다. 만약 일정이나 개발 난이도 때문에 어려움이 있다면, 완성도를 낮추기보다는 개발의 범위를 줄이는 것이 합리적이다.

MVP는 최소한의 기능을 구현한 제품이지, 낮은 완성도의 제품이 아니다. 고객을 통해 가설을 검증하려는 기능의 완성도는 높아야 한다. 완성도가 낮은 MVP로는 유저 테스트를 제대로 진행할 수 없으며, 이런 테스트 결과를 모든 구성원이 공감하고 신뢰하기는 어렵다. 완성도 낮은 MVP를 만들어 유저 테스트를 진행할 계획이라면, 차라리 MVP를 만들지 말고 간단하게 디자인 목업을 만들어 개별 인터뷰를 진행하는 편이 낫다. 그리고 그렇게 아낀 시간과 노력, 비용을 다른 곳에 투입하는 것이 낫다.

고객이 아무런 제약 없이 제품에 접근 가능한 시점부터는 더 이상 MVP라고 할 수 없다. 그런데 제품을 공개했는데도 불구하고 사용자가 많지 않으면 MVP라고 생각하는 경우가 있다. 3개월, 6개월, 1년이 지난 후에도 사용자가 적으면 MVP라고 할 것인가? 제품을 공개했지만 완성도가 낮을 때는 해당 버전을 MVP가 아닌 BETA 제품이라고 부른다. MVP는 가치나 가설을 검증하기 위한 제품이지, 완성된 제품이 아니다. MVP는 시장 적합성이나 가설을 검증하기 위해 사용되는 도구일 뿐이다. 그러니 MVP라며 공개한 제품의 낮은 완성도를 정당화하거나 변명하려 들지 말자.

고객에게 제공하는 화면이나 기능의 완성도는 트레이드오프의 대상이 될 수 없다. 어떠한 이유로 인해 완성도 높은 제품을 개발하기 어려운 상황이라면, 빨리 상황을 공유하고 우선순위를 변경하거나 중요도가 낮은 화면이나 기능을 제거하는 등 대책을 협의해야 한다. MVP니까 빠르게 기능을 구현하고 릴리스한 다음에 개선하자는 식의 제안을 어떤 기획자가 수용할 수 있을까? 내가 기획자로서 19년 동안 일하며 배운 사실 하나는 '한번 떠나간 고객은 다시 돌아오지 않는다'는 것이다.

사실 완성도를 높이는 것은 화면이나 기능을 추가하는 것보다 더 어렵고 힘들다. 정말 일정이 짧고 인력이 부족해서 낮은 완성도의 제품을 고객에게 제공할 수밖에 없는 상황이라면, 차라리 중요도가 낮은 화면이나 기능을 제거하여 완성도를 높였으면 좋겠다고 제안하는 것이 오히려 설득력이 높지 않을까 싶다.

피벗pivot이란 용어도 종종 스타트업 생태계에서 오해되고 남용되곤 한다. 피벗은 기존의 비즈니스 모델이나 전략을 변경하거나 수정하는 것을 의미하는데, 이는 시장에서의 실패를 피하고 새로운 방향성을 찾기 위한 중요한 전략적 결정이다. 예를 들어 초기 아이디어가 실패로 이어지면 피벗을 고려하여 비즈니스 모델이나 제품의 핵심 기능 등을 수정하고, 이를 통해 기존의 문제점을 해결하거나 새로운 시장 기회를 발견할 수 있다. 그러나 몇몇 스타트업에서는 피벗을 단순히 아이디어를 변경하거나 방향을 전환하는 것으로만 이해하여, 원래의 비전이나 목표를 잃어버리는 결과를 초래하기도 한다. 또한 피벗을 적절한 시기를 따지거나 충분한 이유도 없이 무분별하게 시도하며 팀의 혼란을 야기하거나 기회를 놓치기도 한다. 따라서 피벗은 신중하게 고려해야 한다. 피벗을 결정할 때에는 기존 전략의 실패를 근거로 한 명확한 비전과 방향을 제시할 필요가 있다.

용어가 무슨 잘못이 있을까? 용어를 사용하는 사람이 문제지!

마케팅의 유혹

서비스 기획은 디자인과 개발뿐만 아니라 역사, 문화, 사회, 법, 정책, 산업, 인프라, 뇌과학, 심리학 등 다양한 영역이 융합된 결과물이다. 리소스와 일정, 동료의 역량, 고도화 및 확장성, 데이터의 수집과 처리 및 분석, 사회와 업계에 미치는 영향 등까지 고려해야 하는 통섭의 영역이기도 하다. 따라서 기획자는 다양한 방면의 지식을 지녀야 하고 깊이 고민해야 한다. 그러나 광고나 마케팅, 트렌드의 변화나 흐름에 따라 기획자에게 요구하는 역할과 역량이 자꾸 변하다 보니 정작 기획자로서 중요한 역할을 잊어버리고 한쪽 방면에만 치우친 기획자가 등장한다.

내가 처음 서비스 기획을 시작했을 때는 상위 기획, 정책 기획과 함께 UIuser interface를 강조하며 와이어프레임을 포함한 스토리보드를 잘 작성해야 했다. 그러다 어느 순간 UXuser experience를 강조하며 목업 툴을 잘 다뤄야 한다고 하더니, 최근에는 데이터가 중요하다며 데이터 역량을 강조한다. 그러다 보니 신입 기획자들이 기획을 공부한다면서 SQL이나 파이썬을 공부하고 있다.

그런데 UX라는 용어조차 없었을 당시에 기획자들이 UX를 신경 쓰지 않고 기획했을까? 사실 기획자로서 하던 일에는 큰 변화나 차이가 없었다. UX라는 용어가 없어도 세상의 변화에 발맞춰 필요한 역량을 개발하며 기획했다. 즉, UX라는 용어를 만들고 강조하며 누군가는 책이나 강의로 돈을 벌고 혜택을 봤을 뿐이다. 지나치게 UI/UX를 강조하다 보니 서비스 기획과 제품 디자인의 본질은 잊고, 예쁘고 쉽고 편한 UI/UX

를 가진 서비스가 좋은 서비스이고 이런 UI/UX를 가진 제품을 기획하고 디자인하는 것이 서비스 기획과 디자인의 목적이자 목표인 것처럼 여기는 기획자와 디자이너가 등장하기도 했다.

최근에는 기획자에게 중요한 역량은 데이터라면서, 정작 중요한 서비스 기획의 본질은 잊고 데이터 중심으로만 생각하는 경향이 있다. 서비스 기획은 사람들이 겪는 문제나 불편을 IT 기술을 통해 해결하고, 그 가치를 높이기 위한 일련의 노력과 고민이다. 그런데 수치와 지표에만 집중하다 보면 고객과 가치를 망각하거나 뒷전으로 미룬다.

예를 들어 한 기업에서 매출 증대를 목표로 문자와 이메일 등으로 고객에게 광고성 메시지를 발송하고 싶어 했다. 광고성 메시지를 보내려면 관련 법에 따라 사용자로부터 인증과 함께 수신 동의를 받아야 한다. 그런데 이 과정이 사용자에게는 UI/UX 측면에서 불편하고 회사 입장에서는 가입률과 수신율이 떨어지므로, 인증이나 동의 없이 정보만 입력받아 처리하기로 했다. 그렇게 인증되지 않은 개인정보가 서버에 쌓여 수신 동의 여부와 관계없이 메시지를 보냈다. 그런데 동의하지 않은 사용자뿐만 아니라 정보를 잘못 입력하거나 정보를 업데이트하지 않아 가입하지 않은 비회원에게까지 광고성 메시지를 발송하는 등 개인정보 관리와 운영에 문제가 발생했다. 고객을 생각하며 제품의 가치에 집중했다면 이러한 판단을 내리지 않았을 텐데, 당장의 수치와 지표에만 집중하다 보니 문제가 발생한 것이다. 이런 일은 생각보다 너무 많이 일어난다.

빠르게 변화하는 화려하고 요란한 광고나 마케팅, 트렌드에 민감하게 반응하거나 한눈팔고 정신을 잃는 바람에, 정작 중요하지만 당연해서 아무도 이야기하지 않는 본질이나 가치는 잊고 놓치는 경우가 많다. 주변에서도 이를 방조하거나 공모하는 상황이다 보니 본질이나 가치에 대한 이야기는 정말 듣거나 찾아보기가 어렵다. 마케팅이나 트렌드에 휩쓸리지 않고, 업이나 일에 대한 본질과 가치에 대해서 끊임없이 고민하고 생각할 필요가 있다.

마케팅이나 트렌드에 휩쓸리지 않기 위해서는

1. 회사의 미션과 비전, 제품의 가치를 명확하게 정의하고 이를 기반으로 의사결정을 내려야 한다.
2. 고객을 중심으로 생각하고 고객의 니즈를 충족시키는 제품을 개발해야 한다.
3. 직관이나 감정에 의존하기보다는 시장·경쟁·고객 데이터를 분석하여 전략을 수립하고 데이터를 기반으로 의사결정을 내려야 한다.
4. 다양한 시각을 보고 듣고 학습하며 비판적으로 사고할 수 있어야 한다.

12

윤리적 제품 개발

‘법은 최소한의 도덕’이라고 하듯, 세상의 모든 일을 법으로 규제하는 것은 사실상 불가능하다. 게다가 IT 산업은 파괴적 혁신을 추구하는 산업이다 보니 관련 법이 아직 없는 경우도 있다. 그러므로 소프트웨어가 세상을 집어삼키는 시대에 IT 제품을 개발하는 IT 종사자들의 올바른 가치관과 직업윤리가 중요하다. 법적·제도적 장치가 미비하여 자칫 잘못하면 큰 사회적 혼란과 피해를 가져올 수 있기 때문이다.

최근 지나치게 데이터 중심의 의사결정과 성과를 강조하다 보니 지표와 수치를 개선하기 위해 사용자의 혼동을 유도하거나 속이는 다크 패턴을 사용하는 경우가 있다. 또한 고령자들이 IT 제품을 사용하기 어려워서 공공 서비스를 이용하는 데 어려움을 겪는 디지털 소외 문제가 사회문제로 대두되고 있지만, 여전히 디지털 접근성에 대한 사회적 관심이나 노력은 부족하다.

따라서 IT 산업의 최일선에서 기술 혁신을 이끌어가는 IT 종사자들이 관련 법을 준수하고 올바른 가치관과 직업윤리를 가져야 한다. 사회에 긍정적 가치를 제공하고 선한 영향력을 발휘할 수 있는 윤리적 제품을 개발할 책임과 의무를 잊어서는 안 된다.

국내법과 IT 산업

IT 제품을 개발하는 기업에서 구성원에게 법령 교육과 함께 윤리 강령의 제정이 필요한 이유는 국내법과 IT 산업의 특성 때문이다.

잠깐 재미없는 법 이야기를 하자면, 법은 사전에 법을 제정하고 이를 문서에 기록한 법전, 즉 성문법을 중심으로 한 대륙법 체계와 구체적인 사건에 대한 법관의 판결인 판례가 모여 법을 이룬 판례법 중심의 영미법 체계로 구분할 수 있다.

독일과 프랑스를 중심으로 발전한 대륙법 체계는 성문법의 형태를 띠고 있기 때문에 법전에 모든 법이 열거된 열거주의의 특성을 가지고 있다. 그래서 법을 제정하고 이를 문서에 기록한 법에 따라 판결하기 때문에 누구나 쉽게 법을 찾아볼 수 있고 법의 내용이 쉽게 변경되지 않아 법적 안전성을 확보할 수 있다는 장점이 있다. 그러나 빠르고 복잡하게 발전하는 현대 사회에서 혁신적인 서비스가 등장한 이후에 관련 법의 제정이 이뤄지다 보니 혁신적인 서비스가 규제에 의해 불법이 되어 사라질 수도 있다. 한편 이 서비스를 통해 다수의 문제가 발생하는데 뒤늦게 법이 제정되며 다수의 피해자가 발생할 수도 있다. 예컨대 블록체인 기술과 암호화폐가 등장하며 여러 문제가 발생했지만, 최근까지 이를 규제할 수 있는 관련 법이 부재해 피해자가 발생할 수밖에 없었다. 이를 규제하기 위해 특금법(특정 금융거래 정보의 보고 및 이용 등에 관한 법률)이 개정된 이후에야 대다수 중소 거래소가 시장에서 퇴출되었다.

반면 영국과 미국을 중심으로 발전한 영미법 체계의 판례법은 법관의 판결인 판례가 쌓여 법을 이루기 때문에 혁신적인 서비스가 등장하여 문제나 피해가 발생하더라도 소송을 통해 판결이 나오기 전까지는 사업 행위를 영위할 수 있다. 따라서 혁신적인 서비스가 등장하기 쉬운 법적 토대를 갖고 있다. 그러나 조금만 피해나 손해를 보더라도 소송을 남발하다 보니 소송으로 낭비되는 사회적 비용과 시간이 천문학적이라는 단점이 있다.

한국은 대륙법 체계를 따르고 있다. 그래서 대륙법 체계인 국내법 환경에서는 혁신적인 서비스가 등장하고 성장하기 어렵다. 예컨대 당장 자율주행 AI를 개발해 이를 테스트하기 위해 도로 주행을 하거나 판매하고 싶어도 관련 법이 없다면 현행 도로교통법상 불법이라 테스트하거나 판매할 수 없다.

그렇게 되면 글로벌 경쟁에서 뒤처질 수 있기 때문에 2019년 4월부터 규제 샌드박스 제도를 도입하여 운영하고 있다.* 규제 샌드박스 제도란, 사업자가 신기술을 활용한 새로운 제품과 서비스를 일정 기간과 장소, 규모 등의 조건하에서 우선 출시해 시험과 검증을 거칠 수 있도록 현행

* https://www.sandbox.go.kr/sandbox/info/sandbox_intro

규제의 전부나 일부를 적용하지 않는 것을 말한다. 그 과정에서 수집된 데이터를 토대로 합리적으로 규제를 개선할 수 있다. 하지만 이런 노력에도 불구하고 이를 인허가해주는 공무원들로서는 문제가 발생했을 때 사회적 논란이나 책임에서 자유로울 수 없기 때문에 여전히 보수적으로 판단할 수밖에 없어 혁신적인 서비스가 등장하는 데 한계나 어려움이 있다.

국내법은 약 2,000여 개의 법률이 있고, 그 하위 법령인 대통령령과 총리령, 부령, 기타 규칙까지 합하면 5,000여 개가 넘는다. 따라서 타임머신과 같이 세상에 없는 혁신적인 제품이 아니라면, 대다수 제품은 수많은 법과 규제를 따르고 준수해야 한다.

예컨대 국내 IT 관련 법은 사업자와 사용자의 끊임없는 다툼과 분쟁의 역사를 담고 있다. 1996년 6월, 우리나라 최초의 전자상거래가 등장한 이래 현재까지 수많은 전자상거래 업체가 등장하고 사라졌다. 그러면서 수익을 내기 위한 사업자와 이들에게 피해를 입은 사용자 사이에서 다툼과 분쟁이 발생하며, 이를 중재 및 해결하기 위해 입법 과정을 통해 여러 법률이 제정되었다. 그래서 재화의 공급이나 청약철회 등을 규정한 전자상거래법을 살펴보면 그 규제의 촘촘함에 놀랄 정도다. 그런데 정작 전자상거래를 기획하고 개발해야 하는 기업과 구성원은 관련 법을 살펴보거나 공부하는 데 소홀하다. 물론 법률 용어가 어렵고 공부하기 쉽지 않다는 것은 충분히 이해하지만, 관련 법을 따르지 않으면 불법 서비스를 개발하여 사회적 논란의 대상이 되거나 회사가 사라질 수도 있다.

좋은 사용자 경험과 직업윤리

2022년 5월 권도형이 설립한 테라폼랩스에서 발행한 루나 코인의 대폭락 사건이나, 그해 11월 미국에서 샘 뱅크먼 프리드가 창업한 전 세계 3위였던 암호화폐 거래소인 FTX가 파산한 사건 등을 봐도 잘못된 가치관을 가진 소수의 사람들이 혁신적인 기술을 악용했을 때 얼마나 큰 사회적 문제를 일으키고 피해를 주는지 확인할 수 있었다.

IT 기술은 인류가 겪는 문제와 불편을 해결하기 위해 연구되고 개발되지만, 이 기술을 활용하는 소수의 사람들에 의해 엄청난 문제와 피해를 가져올 수 있다. 그러므로 IT 관련 법의 제정도 중요하지만, IT 기술의 특성상 관련 법이 부재할 수 있어 기업과 그 산업에 몸 담고 있는 IT 종사자의 가치관과 직업윤리가 매우 중요하다. IT 산업에 종사하는 사람이라면 공감하겠지만, 부모님 댁에 가면 IT 업계가 쌓아놓은 업보를 CS 처리해야 한다. 그 와중에 나쁜 UI/UX와 기능은 무엇인지, 고령자의 디지털 소외가 얼마나 심각한지 몸소 느끼곤 한다.

한번은 고향집에 도착하니 저녁 10시가 넘었다. 그런데 부모님이 늦은 시간에도 불구하고 이번 달 통신비가 평소보다 과도하게 청구되었다며 확인해달라고 하셨다. 휴대폰을 살펴봤더니 Wi-Fi 대신 LTE가 연결되어 있었다. 공유기에 문제가 있었던 것이다. 이럴 때 일반적으로 공유기의 전원 스위치를 껐다 켜거나 전원선을 뽑았다 다시 꽂으면 다시 Wi-Fi가 연결된다. 그 사실을 알 리 없던 부모님은 한 달이나 공유기에 문제가 있는 걸 몰랐고, LTE로 인터넷을 사용했던 것이다. 그런 김에 가입되어 있는 요금제를 확인하다 더 많은 데이터를 제공하면서도 가격은 저렴한 실버 요금제가 있어 아예 요금제를 변경했다. 그리고 부모님 모두 그 통신사의 장기 이용 고객이라 쿠폰함에 유효 기간이 얼마남지 않은 쿠폰이 여러 장 있었다. 그중에는 데이터 추가 제공 쿠폰도 있었다. 그런데 쿠폰이 있는지도 몰라서 데이터 초과 사용에 따른 비용을 고스란히 지불했던 것이다. 젊은 사람들은 휴대폰도 자주 바꾸고 자급제폰에 알뜰폰 요금제를 사용하는 경우도 많아 장기 사용 고객은 대다수 고령자일 것 같은데, 정작 고령자는 사용할 수 없다면 누구를 위한 쿠폰일까 싶다. 쿠폰을 자동 적용해주는 것이 기술적으로 어려운 것도 아닌데 좋은 사용자 경험을 왜 제공하지 않는 걸까?

친척 어르신 중에는 사용하지도 않는 OTT와 음원 서비스 구독료를 내는 경우도 있었다. 무슨 서비스인지도 모르고, 당연히 앱조차 설치되어 있지 않았는데 말이다. 휴대폰 개통 시에 대리점에서 멋모르는 노인이 개통을 하니 부가 서비스를 가입시켜 놓은 것이다.

최근 구독경제가 일반화되면서 구독 결제로 인한 소비자 피해가 증가하자 소비자 보호를 목적으로 2021년 11월에 여신전문금융업법(여신법) 개정안이 시행되었다. 시행 안의 주요 내용을 살펴보면, 유료 전환 최소 7일 전에 서면, 전화, 문자 등으로 사전 통지하고 간편한 해지 절차를 지원해야 한다. 그리고 해지 시에는 사용한 만큼만 부담하도록 하고 환불 수단의 선택권을 보장해야 한다. 이를 지키지 않은 경우에는 공정거래위원회로부터 시정조치 명령이나 500만 원 이하의 과태료(전자상거래법 제45조 제4항)를 부과받을 수 있다.

사용자 정보를 바탕으로 사용량에 따라 합리적인 요금제를 추천하고, 사용하지 않는 부가 서비스에 대해서는 자동 구독 취소를 지원하는 등 좋은 사용자 경험을 제공하기 위해 노력하면 좋을 것이다. 이를 통해 충성도 높은 고객을 확보하며 경쟁력을 높일 수도 있을 것이다. 어떻게든 수익률만 높이려는 생각과 자세로 독과점인 통신 서비스 시장에서는 성장할 수 있었을지 모르겠지만, 사용자 선택지도 많고 글로벌 경쟁을 해야 하는 IT 서비스 시장에서는 경쟁력이 없을 것이 분명하다.

사용자를 속이는 다크 패턴

웹사이트나 모바일 앱 등의 디지털 인터페이스 환경에서 상품의 구매, 서비스의 이용, 배너 클릭, 개인정보 수집 등에서 사용자가 의도하지 않거나 원하지 않은 행동을 유도하거나 속여서 하게끔 하기 위해 교묘하게 설계된 인터페이스를 **디셉티브 패턴**deceptive pattern 또는 **다크 패턴**dark pattern이라고 한다.

2021년 소비자원의 조사에 따르면, 국내 100개 전자상거래 모바일 앱 중 97%에서 최소 1개 이상의 다크 패턴이 발견되었다고 한다. 그리고 다크 패턴으로 인한 소비자 피해 경험 비율도 갈수록 높아지고 있다고 한다. 최근 공정거래위원회에서도 '온라인 다크패턴 자율관리 가이드라인 제정'을 작성하여 공유*한 것만 봐도 IT 서비스에서 얼마나 많은 다크 패턴을 사용하는지, 또 소비자 피해가 얼마나 많이 발생하는지 알 수 있다.

* https://www.ftc.go.kr/www/selectBbsNttView.do?nttSn=42957&bordCd=3&key=12

역설적인 사실은 IT 종사자들이 사용성을 높였다고 이야기할 때 그 근거로 제시하는 전환율과 다크 패턴의 사용 횟수가 비례하기도 한다는 것이다. 그러니 전환율을 높이며 사용성을 높였다는 말과 글은 의구심을 가지고 자세히 살펴볼 필요가 있다.

다크 패턴에는 여러 유형이 있는데 빈번하게 사용되는 몇 가지만 살펴보도록 하자.

고의적으로 사용자의 착각이나 실수를 유도하는 인터페이스나 **마이크로카피**microcopy*를 사용하여 특정 행동을 유도하는 경우다. 회원 가입 화면에서 필수 약관이나 선택 약관의 구분을 명확하게 하지 않거나 대기업의 경우에는 여러 계열사와 자회사에 회원 정보를 공유해서 상품 가입을 유도하거나 광고성 메시지를 발송하기 위해 약관의 상세 화면에 개인정보 제3자 제공 동의 약관의 선택 기능을 숨겨놓는다. 또는 동의 절차를 복잡하고 까다롭게 해서 전체 약관 동의 버튼에 체크할 수밖에 없게 만들어놓고, 가입하면 개인정보 제3자 제공 동의 약관에 동의했다며 광고 메시지를 마구 발송한다.

가입은 쉽지만 탈퇴는 어려운 경우도 다크 패턴의 한 유형이다. 회원 탈퇴를 하고 싶은데 탈퇴 버튼을 깊숙이 숨겨놓거나 제공하지 않아 회원 탈퇴를 할 수가 없다. 때론 탈퇴 버튼을 찾을 수가 없어 고객센터에 문의하면, 탈퇴를 하고 싶으면 계정 정보와 계정이 본인의 것임을 증명할 수 있는 자료를 고객센터로 보내야 한다고 한다. 이런 경우, 회원 탈퇴는

* 마이크로카피란 웹과 모바일 서비스의 UI에 포함되어 사용자의 행동을 유도하거나 사용성의 향상, 브랜딩과 차별성 강화, 긍정적인 사용자 경험을 제공하기 위해 작성된 단어 또는 문구 등의 메시지를 일컫는다.

고사하고 개인정보 보호 처리, 탈퇴에 따른 개인정보 삭제 및 분리 보관 처리 등도 지원하지 않을 가능성이 크다. 개인정보가 담긴 전달된 자료도 담당자의 책상 위에 널브러져 있다 휴지통으로 그대로 들어가든가, 어디로 사라졌는지도 모를 일이다. 회원 탈퇴를 어렵게 한다고 하여 서비스를 사용할 것도 아닌데 무슨 효용성이 있는 것일까? 설마 보여주기식 **허영 지표**vanity metric인 누적 가입자 수가 OKR 또는 KPI에서 주요 성과 지표인 걸까?

배송비, 포장비, 세금, 예약 수수료, 봉사료 등과 같이 분명 광고나 상품 설명에서는 언급되지 않았던 예상치 못한 비용이 결제 페이지에 도달하고 보니 추가되는 경우도 있다. 특히 호텔 예약 사이트에서 홍보할 때에는 저렴하게 홍보해놓고 실제 결제 페이지에 가면 세금과 청소비 등의 명목으로 비용이 추가돼 훨씬 비싼 경우가 많다. 소비자는 저렴한 가격으로 좋은 호텔을 예약하기 위해 가격 비교 사이트 등을 통해 검색하고 리뷰를 확인하는 등 여러 과정을 거쳐 마지막 결제 페이지에 도달했을 텐데 말이다. 그런데 막상 이런저런 항목으로 추가된 금액을 보니 오히려 다른 사이트가 저렴한 것 같다. 하지만 결제 페이지까지 오는 데 들인 시간, 노력, 고생 탓에 그 과정을 다시 반복하고 싶지 않아 그냥 결제하는 경우도 있다.

한편 가짜 정보를 제공하여 사용자를 현혹하기도 한다. 잔여 수량이나 품절 임박 등을 표시하거나 나에게만 제공하는 특별한 혜택이라며 빠른 결제를 유도한다. 그런데 이 정보가 모두 가짜라면? 실제로 호텔 예약 사이트들이 허위 정보를 제공하여 불공정 거래를 했다는 이유로 수

차례 시정 조치를 받았지만, 여전히 가짜 정보를 제공하는 사이트들이 있다.

이로써 한 명의 소비자가 입는 금전적 손해도 문제지만, 더 큰 문제는 사용자의 선택이 반복될수록 비양심적인 사이트가 성장하면서 부정한 행동을 정당화하고 양심적인 사이트가 결국 시장에서 점차 사라진다는 것이다. 그래서 법과 규제를 통해 개선하려고 하지만, 다크 패턴을 통해 벌어들이는 이득이 벌금보다 더 많기 때문에 여전히 이런 일이 반복된다. 그 피해는 결국 소비자가 고스란히 떠안는다.

기사를 제대로 읽을 수 없을 정도로 광고로 뒤덮인 뉴스 사이트로 인해 짜증이 난 경험은 누구나 한 번쯤 해봤을 것이다. 배너의 닫기 버튼이 보이지 않거나, 닫기 버튼을 클릭했는데도 랜딩 페이지로 이동한다. 결국 기사는 읽지도 못하고 광고를 클릭하며 언론사의 배를 불린 셈이다. 더 자극적인 제목을 미끼로 사용자의 방문을 유도하고 더 많은 악성 광고를 띄워 수익을 창출하는 악순환이 반복된다.

최근 UX 라이터를 중심으로 **CTA**call to action 버튼의 전환율을 높이기 위해 설명 문구나 버튼명을 자극적으로 표현하거나 **컨펌셰이밍**confirmshaming이라는 다크 패턴을 사용하는 경우가 있다. 컨펌셰이밍은 불안감, 수치심, 걱정, 본인의 판단 능력에 대한 불신을 불러일으키는 것으로, “XX님의 친구들도 누리고 있는 프리미엄 가입하고 이득 볼래요!”나 “손해를 보더라도 탈퇴할게요!”와 같은 문구를 사용해서 사용자가 원치 않는 선택을 하도록 종용하는 다크 패턴의 한 유형이다. 이런 다크 패턴을 사용하는 이유는 사내에서 개인이나 조직의 성과를 평가하는 기준이 재방문율, 전환율, 매출, **ARPU**average revenue per user 등과 같이 정량적인 지표로 만 측정되기 때문이다. 이 지표를 높이는 데만 집중하다 보니 다크 패턴을 사용한다. 그런데 IT 기업들은 법과 규제 때문에 혁신이 어렵다거나 글로벌 경쟁에서 뒤처진다며 규제를 없애거나 낮춰달라고 주장할 뿐, 그런 법과 규제가 왜 만들어졌는지는 생각하지 않는다. 과거의 잘못이 부메랑처럼 돌아와 현재의 발목을 붙잡은 것인데도 말이다. 성과를 높이기 위해 다크 패턴을 빈번하게 사용하고 이로 인해 피해를 보는 사용자가 늘어난다면 더 강화된 규제가 만들어질 수밖에 없다.

다크 패턴이 아니더라도 좋은 의도가 나쁜 결과를 초래하는 경우도 있다. **무한 스크롤**infinite scroll은 더 많은 콘텐츠를 보고 싶어 하는 사용자들에게 페이징 버튼pagination보다 매우 쉽고 편한 UX를 제공했다. 그러나 이 기능은 인류가 콘텐츠 소비에 수억 시간을 낭비하는 데도 크게 기여했다. 무한 스크롤이 개발되기 전에는 페이지 버튼을 통해 다수의 페이지를 보는 것이 상당히 불편했기 때문에 보통 한두 페이지를 보고 창을 껐다. 그런데 무한 스크롤이 개발된 이후에는 끝없이 연결되는 콘텐츠를 넋 놓고 바라보는 사람이 늘었다.

알파벳 대문자와 소문자, 숫자, 기호의 조합이 필요한 복잡한 비밀번호 생성 규칙도 마찬가지다. 2003년 미국 국립표준기술연구소National Institute of Standards and Technology, NIST에서 근무하던 빌 버Bill Burr가 해커로부터 비밀번호 해킹을 어렵게 하기 위해 비밀번호 생성 가이드라인을 만들고 '전자인증 가이드라인Electronic Authentication Guideline'을 통해 발표했는데, 이 규칙을 KISA 한국인터넷진흥원에서 인용한다. 그런데 비밀번호 생성 규칙이 복잡한 데다 주기적으로 변경해야 해서 사용자들이 비밀번호를 잊어버리는 경우가 많다. 따라서 비밀번호 찾기를 통해 비밀번호를 수정하는 불편을 겪곤 한다. 이후 새롭게 등장하는 서비스들은 사용자들이 겪는 이 불편을 해결하기 위해 비밀번호 생성 규칙을 조금씩 완화해나갔다.

그런데 서비스마다 다른 생성 규칙을 적용하다 보니 파편화된 규칙으로 인해 사용자들은 더 많은 혼동과 불편을 겪어야 했다. 또한 모바일 시대가 되면서 스마트폰을 통해 작은 가상 키패드로 비밀번호를 입력해야 해서, 대소문자를 조합하거나 기호를 입력하기가 매우 불편하다. 따라서 2017년 NIST에서 디지털 아이덴티티 가이드라인Digital Identity Guidelines을 새로 발간했다.* 이를 통해 복잡한 비밀번호 생성 규칙으로 인해 사용자들이 비밀번호를 제대로 관리하지 않아 오히려 보안성이 떨어지고, 이용자 보호 측면에서 실익이 없음을 인정했다. 그래서 비밀번호를 여러 문자로 조합하고 일정 기간마다 바꾸도록 한 내용을 삭제했으며, 비밀번호를 잊어버리지 않도록 비밀번호 관리 도구를 사용할 것을 권장했다. 최근 빌 버 또한 은퇴하면서, 인류가 비밀번호를 찾는 데 너무 많은 시간을 낭비했다며 이 규칙을 만든 것을 후회한다는 소감을 밝혔다.†

이렇듯 좋은 UI/UX가 반드시 사용자나 인류에 긍정적이고 좋은 결과만 가져오지 않을 수도 있다. 그러므로 IT 종사자들은 제품을 개발할 때 편의성, 사용성, 안전성, 효율성, 경제성, 지속 가능성, 긍정적 가치 등의

---

* https://www.nist.gov/identity-access-management/projects/nist-special-publication-800-63-digital-identity-guidelines

† https://www.wsj.com/articles/the-man-who-wrote-those-password-rules-has-a-new-tip-n3v-r-m1-d-1502124118

여러 면을 고려해야 한다. 그런데도 오직 서비스의 성장 지표만 바라보고 달려간다. IT 기업의 개인이나 조직 평가 항목에 윤리적 사용성을 평가하는 항목이 있는 회사가 몇 곳이나 될까? ESGenvironmental, social and corporate governance가 이슈화되면서 많은 소비자들이 윤리적 소비를 추구하려고 노력하기도 했지만, 안타깝게도 최근에 닥친 경제위기로 윤리적 소비보다는 가성비를 따지는 소비가 중요한 시대가 됐다. 윤리적 소비로 기업을 압박하며 소비자 주권이 커지는 계기가 될 수 있었는데 아쉬울 따름이다.

디지털 소외 문제와 디지털 접근성

하루는 아버지가 자동차 보험료 할인을 위해 휴대폰으로 사진을 촬영해서 업로드해야 하는데 도대체 업로드하는 방법을 모르겠다고 했다. 사진을 업로드하는 버튼이 보이지 않는다는 것이다. 휴대폰을 건네받는 순간, 무엇이 문제인지 단번에 알 수 있었다. 아버지는 노안 때문에 단말기의 글꼴 크기를 '크게'로 설정해놓았다. 그러다 보니 해당 글꼴 크기에 대응하지 못한 앱의 경우에는 UI가 깨지곤 한다. 그런데 해당 보험사 앱은 글꼴 크기를 키우면 상단 안내 메시지의 글자 크기가 커지면서 업로드 버튼이 화면 밖으로 밀렸다. 그리고 화면에 스크롤 처리도 돼 있지 않았다. 결국 디지털 접근성을 지원하지 않은 것이다.

디지털 접근성digital accessibility이란, 장애인이나 고령자가 웹사이트, 모바일 앱, 키오스크 등의 디지털 단말기로 제공되는 정보를 비장애인과 동등하게 접근하고 이용할 수 있도록 보장하는 것으로 법적 의무 사항이다. 디지털 접근성을 지원하기 위해 많은 기업이 **보조 공학기술**assistive technology이라고 하는 다양한 보조 프로그램과 기능을 개발해 제공하고 있다. 대표적으로 시각 장애인이 웹 서비스를 이용할 수 있도록 화면을 낭독해주는 **스크린 리더**screen reader 프로그램이 있다. 애플의 iOS에서는 **보이스오버**voiceover가, 구글의 안드로이드에서는 **톡백**talkback이라고 불리는 스크린 리더 기능이 단말기 내 설정에서 기본으로 제공된다.

그런데 프로그램과 단말기 내 기능으로 제공해도 콘텐츠를 제공하는 웹 서비스와 모바일 앱이 이를 활용할 수 있도록 지원하지 않는다면 프로그램과 기능은 사실상 무용지물에 가깝다. 앞에서 말한 보험사 앱에서 디지털 접근성을 지원하기 위해 글꼴 크기를 키울 수 있도록 가변 폰트를 지원했다면, 글자 크기가 커졌을 때에 화면 내의 콘텐츠 화면이 길어지는 것을 고려했어야 한다. 즉, 테스트하면서 글꼴 크기를 변경하며 모든 화면을 살펴봤어야 했다. 그랬다면 해당 화면에서도 빼먹지 않고 스크롤 처리를 했을 것이다.

스마트폰의 등장과 함께 모바일 시대가 가속화되며 웬만한 서비스는 모바일 앱을 통해 제공되는 세상이다. 인구 소멸과 초고령화 사회로 진입하며 구인난과 함께 높은 인건비로 인해 오프라인 매장에서 응대하는 직원은 줄고 키오스크가 대체하고 있다. 전 세계에서 한국이 노동력에 대한 디지털 전환 속도가 가장 빠르다고 한다. 그래서 스마트폰과 키오스크의 사용이 어렵거나 익숙하지 못한 고령자는 택시나 기차와 같은 대중교통을 이용하기 어렵고, 식당에서 밥 한 끼 먹는 데도 불편을 겪고 있다는 뉴스와 기사가 잊을 만하면 나온다. 우리의 부모님들이 일상에서 필요한 기본적인 서비스조차 이용하지 못한다는 것이다.

그런데 IT 서비스를 개발하는 IT 종사자들이 디지털 접근성에 대해 무관심하거나 이를 지원하기 위해서 무엇을 해야 하는지 잘 모른다. 웹사이트에서 디지털 접근성을 지원하기 위해서는 **키보드 액세스**를 지원하는 것이 가장 중요하다. 시각 장애인이 웹사이트를 이용하려면 화면 낭독 프로그램인 스크린 리더를 설치해야 한다. 그리고 키보드의 탭 키 등을 조작해 페이지상의 요소를 이동하면 스크린 리더가 해당 요소를 음성으로 읽어주어 웹사이트를 이용할 수 있다. 따라서 마우스 사용이 어려운 사용자를 위해 웹사이트의 모든 인터랙션과 정보에 키보드로 접근할 수 있도록 지원해야 한다. 그리고 앞서 보험사 앱의 사례처럼 고령자와 약시자를 위해 단말기 또는 브라우저의 설정에서 글꼴 크기를 변경하면 서비스 내에서 글자 크기의 변경을 지원해야 한다. 그리고 글꼴 크기의 변경을 지원했다면 크기를 변경했을 때 화면이 깨지지 않고 잘 보이는지 확인해야 한다.

시각 장애인이 텍스트가 아닌 이미지는 어떻게 이해할 수 있을까? 이미지는 스크린 리더가 음성으로 제공할 수 있도록 이미지를 설명하는 alt 속성값이라고 하는 **대체 텍스트**를 추가해야 한다. 그러므로 이미지를 사용하거나 이미지를 업로드하는 기능을 제공하는 경우에는 대체 텍스트를 정의하거나 대체 텍스트를 입력할 수 있는 인풋 박스를 제공해야 한다. 그리고 색맹 및 색약자를 위해 색상 대비 및 색상 의존성을 고려해야 한다. **색상 대비**color contrast란 녹색 바탕에 하얀 글씨가 쓰여 있는 것처럼 배경색과 전경색의 비율을 의미하는데, 적록 색맹자와 같이 특정 색상을 구분하지 못하는 경우에는 글자를 인지하기 어렵기 때문에 이를 고려해야 한다. 마찬가지로 그래프나 도표 등에서 색상에만 의존해 특정 정보를 전달하는 경우가 있는데, 색상을 인지하지 못하는 경우에 정보의 해석이 어렵기 때문에 색상 이외에도 추가적인 표시가 필요하다. 예를 들어 문장 중간에 링크가 연결된 텍스트가 있는데 이를 텍스트 색상으로만 구분한다면 색상을 인지하지 못하는 사용자는 이것이 링크인지 아닌지 구분할 수 없다. 따라서 링크가 걸려 있는 텍스트는 색상 이외에도 밑줄이나 기호 등 추가적으로 표시해야 한다. 이 외에도 디지털 접근성을 준수하기 위해 고려해야 할 사항이 많으니 이를 학습하고 반영하기 위해 노력할 필요가 있다.

그러나 디지털 접근성을 서비스에 반영하려고 들면, 경영진이나 동료들과 열띤 논쟁이 발생하거나 반대에 부딪힐 가능성이 크다. 디지털 접근성을 준수하려면 인력과 시간 등 리소스를 확보해야 하는데 경영진과 대다수 동료들이 업무의 우선순위, 일정, 비용 등의 문제로 디지털 접근성을 반영하는 데 부정적인 반응을 보이기 때문이다. 디지털 접근성을 준수한다고 사용자나 매출이 늘어나는 것도 아니다 보니 언제나 그렇듯 비즈니스 요구사항이 우선시된다. 접근성이 문제가 된다면 과태료를 내면 그만이라는 식이다.

이런 기업 환경에서 사업자들에게 디지털 접근성을 자율적으로 준수하라고 하는 것은 정부와 사회가 접근성에 대한 관심과 노력이 부족하다는 사실을 드러낼 뿐이다. 디지털 접근성과 관련해서는 정부가 공공기관을 넘어 민간 서비스 사업자에 대해서도 다양한 지원책과 함께 규제를 강화해야 하지 않을까? 갈수록 고령화가 가속화되는 상황에서 해외 진출까지 고려한다면 디지털 접근성은 이제 의무가 아니라 필수다.

아무리 법으로 규제하더라도 혁신을 추구하는 IT 서비스의 특수성 때문에 발생하는 모든 문제와 피해를 사전에 막을 방법은 없다. 가장 중요한 것은 IT 종사자들의 올바른 가치관과 직업윤리와 더불어 이를 든든하게 지지해줄 수 있는 회사의 철학과 규범이다. 제아무리 직원들이 올바른 가치관과 직업윤리를 가지고 있어도 회사와 경영진이 삐뚤어진 목표와 가치관을 가지고 있다면 해당 제품은 삐뚤어질 수밖에 없다.

결국 좋은 제품을 개발하기 위해서는 관련 법령에 대한 지식과 함께 올바른 의사결정을 할 수 있는 가치관과 직업윤리가 중요하다. 그래서 이를 위한 법령 교육과 함께 엄격한 윤리 강령의 제정 및 준수 의무가 필요하다고 생각한다. 이러한 노력을 통해 IT 제품이 사회에 긍정적이고 선한 영향을 미칠 수 있는 제품으로 발전할 수 있을 것이다.

13

데이터 유감

IT 종사자라면, 주변에서 '데이터 주도적data-driven'이라는 단어를 많이 보고 들었을 것이다. 그리고 데이터와 관련된 글을 보면 그 조회수나 댓글이 꽤 많아 반응이 뜨겁다는 것을 알 수 있다. 그만큼 국내에서도 데이터 분석을 통한 고객의 이해와 문제 해결에 관심이 높아지고 있다는 반증일 것이다. 소수의 의견이나 뇌피셜로 의사결정을 내리고 그에 따라 제품을 개발하거나 개선하는 것보다는 바람직한 방향이라고 생각하지만, 한편으로는 데이터에 집착한 나머지 정작 중요한 것을 잃거나 간과할 수도 있다.

데이터 만능주의

AI와 빅데이터 시대라고 이야기할 만큼 그 어느 때보다 데이터에 대한 중요성이 강조되는 시대다. 그래서인지 모든 면접관들이 짠 듯이 **딥 다이브**deep-dive한 경험이 있냐고 묻는다. 데이터 분석을 통해 액션 플랜을 세우고 그 액션을 통해 지표를 개선한 경험이 있는지 묻는 것이다. 그래서 경험이 있다고 말하면, 그 과정과 성과를 자세히 설명해달라고 요청한다. 그럴 때마다 매우 당혹스럽다. 잘 기억도 나지 않지만, 기대하는 답변을 쉽게 말해주기도 어렵기 때문이다.

기획자가 매일 보는 게 지표라지만, 지표만 보고 의사결정을 내리지는 않는다. 여러 데이터와 지표를 포함하여 수많은 자료를 살피고 여러 동료의 의견을 들어가며 판단하기 때문이다. 그런데 그들은 어떤 지표를 보고 그런 판단을 내렸는지, 그래서 어떤 액션을 취했는지 듣고 싶어 한다. 그 결과 리텐션retention rate이나 전환율 등의 지표가 몇 퍼센트나 개선되었는지 궁금해한다.

왜 그런 질문을 하는지 이해를 못 하는 것은 아니지만, 몇 가지 수치나 지표만 가지고 의사결정을 할 수 없는 법인데 의사결정 과정을 너무 쉽게 생각하고 질문하는 것 같다. 그래서 복합적인 의사결정 과정이라고 설명하면, 그 답변에 매우 실망한다. 게다가 여러 데이터와 지표를 살펴보고 수많은 기획을 하고 개선하니 수치를 일일이 기억할 수도 없다.

한편 19년 차 시니어 기획자를 채용했다면, 회사가 기대하는 것은 단순히 몇 개의 기능을 개선하거나 릴리스하는 것이 아니다. 거대한 플랫폼이나 여러 서비스를 기획하고 오픈하기를 바라고, 그 와중에도 수많은 개선이 이루어지기를 기대한다. 그런데 이 과정에서 얼마나 많은 데이터와 지표, 자료를 살펴볼까? 얼마나 많은 미팅을 하며 이야기를 듣고, 셀 수 없이 고민하며 수많은 의사결정을 할까? 그 결과물로 1년에 작성하는 페이퍼 양만 해도 엄청나다.

온라인상에서 버튼이나 카드 등의 UI/UX를 A/B 테스트하며 지표를 개선해 서비스가 성공했다는 글을 너무 읽은 탓인지, 기획자가 버튼의 위치나 색상 등을 바꿔가며 A/B 테스트를 하고 그 전환율을 개선하는 직군이라고 생각하는 것 같다. 이런 테스트 설계나 진행이 매일같이 야근할 만큼 할 일이 많은 기획자나 프로덕트 오너의 일인지 묻고 싶다. UX 리서처나 그로스 해커growth hacker 등의 직군이 해야 할 일이지, 리소스도 부족하고 해당 직군도 없는 회사에서 기획자가 할 일의 범위에는 속하지 않는다.

액션에 따른 결과도 매우 복합적이다. 예컨대 리텐션을 높이기 위해 최근 유행하고 있는 매일 참여할 수 있는 게이미피케이션gamification 기능을 추가했다고 하자. 이 기능에는 추천 코드를 통한 친구 초대 기능과 함께 랭킹 기능도 포함돼 있을 것이다. 그리고 이를 홍보하기 위해 문자와 푸시 알림을 보내고, 랭킹 기능 등을 활용한 여러 이벤트도 진행했을 것이다. 그렇다고 해서 포트폴리오와 면접 시에 기획자인 내가 특정 기능의 기획과 릴리스를 통해 한 달 만에 리텐션을 30%나 증가시켰다고 이야기할 수 있을까? 모든 게 기획자인 나의 뛰어난 기획 역량 때문에 달성한 목표라고 말할 수는 없을 것이다.

초기 스타트업의 경우에는 대다수 고객이 서비스 밖에 있다. 그런데 고객의 요구사항을 파악하고 데이터 중심의 의사결정을 하겠다며, 데이터 분석 환경을 구축하고 지표를 생성하며 대시보드를 만든다. 초기 얼리어답터를 통해 추출한 데이터와 지표는 다수의 일반 유저를 대변하지 못할 수도 있다. 사용자 수가 적은 초기 스타트업의 경우에는 데이터 밖에서 고객의 요구사항이나 문제를 찾는 편이 낫다. 시장 적합성을 찾으며 기본적인 비즈니스 요구사항조차 구현하지 못한 초기 스타트업이라면 데이터 분석을 하겠다며 많은 리소스를 투입하기보다는 시장조사나 유저 인터뷰를 하는 편이 효율적이다.

애자일 조직에서 진행하는 A/B 테스트는 스프린트 주기에 따른 단기간의 테스트에 그쳐 긴 호흡의 효과나 인과관계를 추적하기 어렵다. 그런데 데이터는 객관적으로 신뢰할 수 있다는 이유로, 데이터 신봉자, 근거 없이 설득하기 어려운 실무자, 책임 회피를 위해 데이터 뒤에 숨는 관리자 등이 이를 열렬히 지지한다. 스타트업에서 진행하는 A/B 테스트의 단점은 실험 기간이 비교적 짧기 때문에 그 결과가 신규 기능의 제공에 따른 반짝 효과인지, 아니면 제품에 대한 사용자 만족도가 실제 높아졌는지를 판단하기 어렵다는 것이다.

전환율을 높이기 위해 버튼이나 카드의 모양, 색상, 위치 또는 마이크로 카피 등의 작은 단위의 A/B 테스트를 하는 것이 과연 방문 수와 사용성에 얼마나 많은 영향을 미치는지, 그리고 투입된 리소스를 고려해 효과적인 자원의 투입과 배분이었는지도 의문이다. 물론 리소스가 풍부해 많은 A/B 테스트를 진행할 수 있는 회사에서 작은 단위의 A/B 테스트를 하겠다면 굳이 말리지 않는다. 하지만 시장 적합성을 찾으며 기본적인 비즈니스 요구사항조차 제공하지 못하고 있는 스타트업에서 A/B 테스트 등에 많은 리소스를 투입한다면, 과연 효과적인 리소스의 투입과 배분인지, 우선순위가 잘 결정되고 있는지 한 번쯤 고민해볼 필요가 있다. 서비스 기획자로서 중요한 건 제품이 사용자에게 제공하려는 본질적인 가치의 제공 여부와 개선, 확대다. 그리고 작은 기능이나 요소 단위의 A/B 테스트와 그 결과는 큰 영향을 미치지 못한다.

또한 혁신적인 서비스나 솔루션을 기획하고 있다면, 데이터를 통한 요구사항이나 문제를 분석하는 행위가 큰 도움이 되지 않을 수도 있다. 애플의 CEO였던 스티브 잡스가 1998년 5월 《블룸버그 비즈니스위크Bloomberg Businessweek》와의 인터뷰*에서 "우리는 많은 고객을 보유하고 있으며, 설치 기반에 대한 많은 연구를 수행하고 있다. 또한 업계 동향을 매우 주의 깊게 살펴본다. 하지만 결국 이렇게 복잡한 제품의 경우에 포커스 그룹을 통해 제품을 디자인하는 것은 정말 어렵다. 많은 경우에 사람들은 그것을 보여줄 때까지 무엇을 원하는지조차 모른다. 애플의 많은 사람이 많은 돈을 받는 이유는 그들이 이러한 것을 주도해야 하기 때문이다"라고 이야기했다. 시장 조사나 데이터 분석 등은 고객의 과거 경험을 바탕으로 피드백을 제공하기 때문에 혁신적인 아이디어를 발견하거나 상식과 기대를 뛰어넘는 수준의 경험을 제공하는 데 한계가 있을 수 있다.

* https://www.bloomberg.com/news/articles/1998-05-25/steve-jobs-theres-sanity-returning

나도 스티브 잡스의 의견에는 일부 동의하지만, 과연 고객에 집착하며 집단 지성을 뛰어넘을 정도의 직관이나 창의력, 인사이트를 가진 사람이 나를 포함해 주변에 몇 명이나 있을지는 의문이다.

기획자로 일하다 보면 고객의 의견이 상충할 수도 있고, 모든 의견을 수용하다 보면 제품의 복잡도가 높아지며 신규 고객을 모으기 어렵거나 온보딩에 많은 시간과 노력이 필요할 수도 있다. 또한 데이터를 통한 의사 결정이 소수의 의견을 무시하고 다수의 의견을 반영하는 행위이기 때문에 소수에게는 불편하거나 원치 않는 변화일 수도 있다. 그러므로 고객의 의견이나 데이터를 곧이곧대로 받아들이기보다는 제품을 만들어가는 프로덕트 팀의 직관이나 인사이트도 매우 중요하다는 것 또한 부정할 수 없다.

한편 데이터와 지표가 중요하다는 것은 잘 알고 있지만, 막상 데이터와 지표에 대한 이해가 부족하거나 오해가 있는 것 같다. 프로덕트 오너로서 전사와 직군별 OKR이나 KPI를 설계 및 협의하다 보면, 대다수 동료들이 직군에 따라 중요하게 생각해야 할 지표나 지표 간의 관계를 잘 이해하지 못하는 경우가 있다.

기획자 관련 지표를 예로 들자면, 나는 OKR 설정을 통해 서비스 기획자인지 프로덕트 오너인지를 명확히 구분한다. 서비스 기획자에게는 매출 관련 지표를 목표로 할당하지 않는다. 많은 사람들이 사용성 지표와 매출 지표가 인과관계가 있고, 이는 항상 비례한다고 생각한다. 즉, 사용성 지표가 개선되면 매출 지표도 개선된다고 생각하는 것이다. 그러나 전자상거래와 같이 전사가 매출과 영업이익에 집중하는 회사라면, 사용성과 매출 지표가 비례하기보다는 반비례하는 경우도 있다. 그러므로 사용자의 대변인이자 사용성을 가장 중요하게 생각해야 할 서비스 기획자에게는 매출 관련 목표를 할당하기보다는 서비스 주요 경로critical path에 대한 평균 전환율이나 재방문율 등을 주요 목표로 설정한다. 반면 프로덕트 오너라면 전환율이나 재방문율 대신 매출 관련 지표를 주요 목표로 설정한다. 결국, 도메인이나 직군 등에 따라 데이터와 지표에 대한 해석과 중요도는 달라질 수 있다. 그런데 인터넷이나 주변에서 들은 이야기를 곧이곧대로 받아들이고 적용하려 든다.

데이터 만능주의를 경계하다 보니 데이터 분석을 부정적으로 바라보는 듯 언급했지만, 사용자를 이해하는 데 데이터 분석은 매우 중요하다. 여전히 데이터 분석을 안 하거나 못하는 회사도 많다 보니 데이터 분석의 중요성이 강조되는 것은 바람직하다. 하지만 회사의 시기와 리소스를 고려해야 하며, 데이터는 의사결정을 위한 수단 중 하나라는 사실을 잊어서는 안 된다. 'Data-Driven'과 'Customer-Driven'이 일치하지도 않으며, 데이터는 미래의 잠재 고객을 대변하지도 않는다. 그리고 버튼이나 인풋 박스, 마이크로카피 등의 UI/UX상의 A/B 테스트도 중요하지만 제품의 본질적인 가치를 개선하는 노력이 더 중요하다. 의사결정에 있어 이 가치가 데이터에 우선해야 한다는 점을 잊지 않았으면 한다.

데이터 분석 결과를 유용하게 활용하기 위해서는

① 고객 여정 지도 작성에서 살펴본 바와 같이 시장과 경쟁사, 고객 등의 분석 결과와 내외부 지표 등을 복합적으로 살펴보고 판단해야 한다.

② 모든 직군들이 데이터를 살펴보고 지표를 추출하는 시대이기 때문에 사내에 데이터와 지표가 넘쳐난다. 그러므로 꼭 필요하거나 액션 아이템을 추출할 수 있는 데이터나 지표가 아니라면 리소스를 낭비하지 않도록 추출에서 제외해야 한다.

③ 모든 데이터와 지표는 비판적으로 접근해야 한다. 막상 데이터와 지표를 뜯어보면 맥락이 달라지는 경우가 많다.

④ 모든 데이터와 지표는 그룹별, 시간별로 비교 가능한 지표여야 한다.

⑤ 대다수 조직이 데이터 조직으로 변화하는 데 실패하는 이유는 문서화와 관리에 실패했기 때문이다. 데이터와 지표별로 관리 주체를 명확히 해야 한다.

PART 4

일하고 싶은 기업

14

레이드 방법론

여러 기업이 자율적이고 효율적이며 성장하는 조직문화를 만들기 위해 애자일 방법론을 도입하는 등 많은 노력을 기울였지만, 대다수가 애자일 조직을 만드는 데 사실상 실패했다.

많은 시행착오 끝에 깨달은 사실은, 민주주의 정치 체제가 수많은 사람이 피땀 흘린 결과 만들어진 삼권분립, 법치주의, 선거 시스템 등의 수많은 시스템에 기반하여 현재까지 유지하고 지탱되었다는 것이다. 조직에서도 좋은 문화를 만들기 위해서는 누군가가 앞장서서 노력해야 하고, 그 문화를 유지하기 위해서는 체계적인 시스템이 필요하다. 선거를 위한 투표 솔루션만 도입해놓고는 체제를 바꾸려고 시도할 수 없는 것처럼, 호칭을 변경하고 애자일 방법론만 도입해서는 조직문화를 바꾸는 데 실패할 수밖에 없다. 대다수 독재국가에서도 투표를 하며 선거를 치른다는 사실만 봐도 잘못됐다는 것을 알 수 있다.

민주주의를 도입하고 정착하기 어렵다고 해서 독재나 권위주의를 유지하거나 그 체제로 돌아갈 수는 없는 것처럼, 좋은 문화를 만들기 위해서는 구성원이 함께 노력하고 힘써야 한다. 어떻게 하면 자율적이고 효율적이며 성장할 수 있는 조직을 만들 수 있을지 끊임없이 고민하고 실험하며 좋은 시스템과 프로세스를 함께 만들어가야 한다. 이러한 문화를 통해 성장하는 조직이 바로 애자일 조직이라고 할 수 있다.

여러 장점을 가진 애자일 문화라고 해도 특정 산업이나 도메인, 제품, 조직의 특성 등에 따라 애자일 문화를 적용할 수 없는 조직은 여전히 많다. 같은 IT 산업이라 할지라도 B2C 서비스가 아닌 발주처나 하도급 관계가 존재하는 SI나 에이전시 조직에 애자일 문화를 도입하는 것은 상상하기 어렵다. 일단 스프린트 주기에 따른 애자일 방법론과 칸반 보드 등이 동작하지 않을 것이기 때문이다. 설령 도입을 시도하더라도 발주처나 갑 회사 때문에 제대로 운영되지 않고 혼란만 일으키다 실패할 가능성이 크다. 마찬가지로 수백수천 명이 수직적인 조직문화에서 일하고 있는 대기업에서 애자일 문화를 도입하는 것은 불가능한 일은 아니지만, 엄청나게 많은 시행착오와 갈등이 발생할 것이다. 애자일 방법론을 도입할 수는 있겠으나, 매니저들을 설득하며 목표 설정 및 평가 시스템 등을 바꾸는 것은 쉽지 않기 때문이다.

결국 조직은 개별 구성원들의 집합이기 때문에 구성원들의 역량이나 자세가 중요할 수밖에 없다. 그러나 제아무리 채용을 잘하더라도 모든 구성원이 조직의 미션이나 제품의 가치에 소명의식이나 사명감을 가지고 있을 수는 없으며, 이런 동료는 10명 중에 1~2명에 불과할 것이다. 그렇다고 하여 완벽한 채용 시스템을 통해 사명감을 가지고 열정 넘치는 사람을 채용하고 싶어도 그런 채용 시스템을 가진 회사는 상상 속에나 존재하며, 설령 그런 사람을 채용했더라도 입사 후에 여러 이유로 마음이 변할 수도 있다. 그래서 구성원들에게 지속적으로 동기를 부여하는 리더가 중요한데, 현실은 프로 정신이나 책임감마저 잃게 만드는 리더가 많다. 결국 리더나 구성원 개인의 역량이나 노력에 의존하거나 기대서는 지속적으로 동기를 부여하기 어렵다. 따라서 구성원들을 지속적으로 동기부여할 수 있는 환경과 문화, 시스템이 필요하다.

또한 현대 사회와 주변의 환경은 우리의 집중과 몰입을 끊임없이 방해한다. 제아무리 자율적이고 효율적이며 성장하는 애자일 문화를 도입하고, 조직의 미션이나 제품의 가치에 소명의식이나 사명감을 가진 사람이라고 하더라도, 주변의 끊임없는 방해에도 불구하고 업무에 집중하고 몰입할 수 있는 사람은 드물다. 그리고 코로나 이후 재택근무가 확산되며 원격 근무 환경에서도 업무에 집중하고 몰입하며 성과를 낼 수 있어야 하는데, 애자일 문화를 도입하고 있다는 글로벌 빅테크 기업들조차 재택근무를 포기할 정도로 높은 노동 생산성을 유지하기가 쉽지 않은 것이 현실이다.

따라서 이러한 상황과 환경 속에서도 구성원들이 끊임없이 동기를 부여하고, 업무에 집중하고 몰입하며, 조직의 미션과 목표를 달성해야 한다. 공자는 《논어》에서 "*知之者不如好之者 好之者不如樂之者*(지지자불여호지자 호지자불여락지자)"라고 말하며, 아무리 지식이나 재능이 많아도 열심히 노력하는 사람을 이길 수 없고, 열심히 노력을 하더라도 즐기는 사람을 이길 수 없다고 이야기했다. 그러므로 일을 즐길 수 있어야 한다. 그러려면 업무가 게임의 미션이나 퀘스트를 수행하는 것처럼 재밌어야 하고, 동료와의 협업은 파티 플레이를 하는 것 같아야 한다. 회사에서 게임을 하는 듯한 문화나 시스템을 갖출 수만 있다면 많은 고민이 해결될지도 모른다.

레이드 시스템

〈월드 오브 워크래프트(이하 와우)〉나 〈리니지〉, 〈로스트아크〉, 〈검은사막〉 등과 같은 대규모 다중 사용자 온라인 롤플레잉 게임massively multiplayer online role-playing game, MMORPG을 즐겨본 사람이라면, **레이드**raid라는 용어가 익숙할 것이다. 탱커, 딜러, 힐러 등의 서로 다른 직업과 특성을 가진 다수의 플레이어가 난이도가 높은 거대한 인스턴스 던전instance dungeon(이하 인던)에 입장해 함께 몹mob*을 제거하며 여러 단계의 중간 보스를 처리하고 최종 보스를 공략하는 콘텐츠를 말한다.

〈와우〉와 같은 게임에서는 레이드를 위해 전사, 사제, 도적, 마법사, 흑마법사, 사냥꾼, 주술사, 성기사, 드루이드 등의 서로 다른 직업을 가진 최대 40명의 플레이어가 원격으로 게임에 접속해 함께 던전에 입장하여 레이드 콘텐츠를 즐긴다. 전 세계의 서로 다른 지역과 장소에 있는 성별과 나이, 직업도 모르고 일면식조차 없는 40명의 사람들이 동시에 게임에 접속하여 수 시간에 걸쳐 플레이에 집중하고 몰입하며 공통의 미션

* 몹은 모바일 오브젝트(Mobile Object)의 줄임말로, 게임에서 컴퓨터로 제어되는 NPC(Non-Player Character)를 말한다.

을 수행하는 놀라운 경험을 하는 것이다. 어렵사리 몹이나 보스를 처리하면, 엄청난 성취감과 함께 게임 내에서 사용할 수 있는 강력한 아이템이나 골드 등의 전리품을 획득한다. 몰입의 즐거움과 성취감, 즉각적인 보상 등은 게임에 접속하여 몇 시간이고 레이드를 뛸 수 있게 하는 강력한 동인이 된다.

레이드에서 서로 다른 직업과 특성을 가진 40명의 플레이어가 모여 공통의 목표를 향해 나아가는 모습은 마치 IT 프로젝트에서 기획자, 디자이너, 개발자 등의 서로 다른 역량과 스킬을 가진 직군들이 모여 공통의 미션과 목표를 달성하기 위해 협력하는 모습과 비슷하다. 레이드에서도 서로 다른 직업들이 각자의 스킬을 적절하게 사용하며 시너지를 내야지만 몹과 보스를 제거하며 앞으로 나아갈 수 있다. 모두가 자신의 직업과

▲ 〈와우〉에서는 최대 40명의 플레이어가 공격대를 이뤄 보스를 공략하는 레이드 콘텐츠를 즐길 수 있다.

특성에 따른 역할이나 스킬에 대한 이해도가 낮아 시너지를 낼 수 없다면 앞으로 나아가기는커녕 그 자리에서 전멸하고 만다. 그런데 게임에서는 상대방이 어떤 장소나 환경에서 접속했는지는 물론, 상대방의 성별이나 나이, 직업조차 알지 못한다. 일면식조차 없는 사람들과 함께 공통의 목표와 전리품만을 생각하며 유기적으로 협업하는 것이다.

레이드에서 모든 플레이어가 각자의 역할을 제대로 수행하며 협업할 수 있는 이유는 게임의 온보딩과 레벨 시스템이 잘 설계되어 있기 때문이다. 레이드 콘텐츠를 즐기기 위해서는 게임에서 지원하는 최고 레벨인 만렙을 달성해야 한다. 만렙을 달성하기까지 여러 퀘스트와 미션을 수행한다. 40명까지는 아니지만 적은 수의 인원이 파티를 맺고 함께 콘텐츠를 즐기거나 던전을 탐험하고 보스에 도전하는 등 사전에 많은 연습과 훈련을 통해 시행착오를 거치며 게임 시스템을 이해하게 된다. 직업에 대한 역할과 스킬 등을 자연스럽게 학습하고 숙달한 다음 레이드에 참여하기 때문에 유기적으로 협업하며 시너지를 낼 수 있다.

게임에서는 상대방에 대한 정보도 없고 감정 상태도 자세히 알 수 없다 보니 오로지 공통의 미션과 목표에만 집중할 수 있다. 게임에서는 플레이어에게 명확한 미션과 목표를 제공하기 위해 퀘스트나 미션마다 스토리를 제공하고, 스토리에 따른 임무와 보상을 명확하게 제시한다. 게임에서 소명의식이나 사명감을 갖는다고 하면 이해하기 어려울 수도 있겠지만, 스토리 덕분에 퀘스트나 미션을 수행하는 데 목적의식이나 사명감을 갖는다. 그래서 게임의 시나리오, 즉 스토리텔링이 중요한 것이다.

게다가 자신의 역할을 제대로 수행하지 못했을 때에는 자신과 동료의 캐릭터가 죽거나 공격대가 전멸할 수도 있기 때문에 실수하지 않기 위해 노력한다. 이는 적당한 부담과 긴장감을 느끼게 한다.

그런데 많은 IT 조직이 온보딩 프로세스를 제대로 갖추고 있지 않아 구성원들이 충분한 온보딩을 거치지 못하고 현업에 투입된다. 게다가 레벨 시스템도 존재하지 않고 각자의 역할도 모호한 경우가 많아 업무에 어려움을 겪거나 시너지를 내지 못하고 누군가는 번아웃을 겪고 급기야 퇴사를 선택하기도 한다. 또한 조직의 미션이나 목표가 불명확하거나 공감이 되지 않으며, 평가나 보상이 동기를 부여하기는커녕 불합리한 나머지 있던 의욕마저 꺾는 경우도 있다. 이런 점에서는 IT 조직이 게임의 레이드 시스템을 보고 배워야 한다.

레이드를 즐기기 위해 모인 40명을 통칭하여 공격대라고 부른다. 공격대에도 40명이 일사불란하게 움직일 수 있도록 공대원(공격대원을 줄여서 보통 공대원이라고 부른다)을 이끌어가는 조직의 리더와 같은 역할을 하는 플레이어가 존재한다. 이들을 공대장(공격대장을 줄여서 보통 공대장이라고 부른다)이라고 부르며, 백종원, 슈카월드, 신사임당이 〈와우〉 게임의 공대장 출신으로 잘 알려져 있다. 공대장은 40명의 공대원을 이끌며 레이드를 뛰어야 하기 때문에 리더십이 좋아야 한다. 공대원의 성별이나 나이, 직업 등의 신상정보도 알 수 없는 상태에서 게임 내 시스템과 채팅에 의지하여 레이드를 효율적으로 이끌어야 하기 때문이다. 게다가 기업의 경우에는 급여나 성과급, 복지, 휴가 등 여러 현실적인 보상과 처벌을 할 수 있지만, 가상의 세계인 게임에서는 공대장에게 강제력 있는 권한이

주어지지 않는다. 고작해야 공격대에서 방출하거나 전리품 분배 등에서 페널티를 주는 수준에 그친다. 오히려 조직의 리더보다 더 어려운 역할일 수 있다. 그래서 게임에서 오랫동안 공대장 역할을 수행한 사람은 리더십이 좋을 것이라는 기대가 있다.

공대장 또한 특정 직업이나 특성을 가진 한 명의 플레이어이기 때문에 모든 직업의 특성이나 스킬 등을 자세히 알 수는 없다. 그래서 열정 있는 공대장의 경우에는 모든 직업과 특성에 대한 이해를 높이기 위해 다른 캐릭터를 직접 생성해서 공부하기도 한다. 그리고 인던 내에서 공대원을 이끌어야 하기 때문에 사전에 인던의 지리와 공략법을 익히는 등 많은 노력을 기울인다. 또한 개인적인 학습 이외에도 공격대를 유지하고 관리할 수 있는 여러 시스템을 고민하고 만든다. 예컨대 보스를 처치하고 아이템이 드롭되었을 때 해당 아이템을 어떻게 분배할 것인지, 레이드에 도움이 되지 않거나 피해를 주는 공대원을 어떻게 처리할 것인지 등에 대한 규칙과 시스템 등을 만들고 유지하는 것이다. 이러한 모습과 역할은 애자일 조직에서의 리더와 비슷하다.

레이드도 애자일 문화에서 스프린트와 같이 일정 주기를 가지고 있다. 한정된 레이드 콘텐츠를 반복해서 즐길 수 있도록 매주 또는 격주마다 인던이 초기화되기 때문이다. 이는 애자일 문화에서 2주마다 스프린트 주기를 반복하는 것과 비슷하다. 게임에서도 동료들에게 민폐를 끼치지 않고 제 역할을 잘 수행하기 위해 인던 밖에서 일정 시간을 투자하며 재미없는 노가다 작업을 한다. 이런 작업은 회사에서 어쩔 수 없이 반복하는 단순 업무와 비슷하다. 게임에서는 도전과 실패를 겪고 부족함과 한계를 느끼며 각자의 준비물을 늘리고 장비를 업그레이드하면서 공략법을 수정하며 보스를 잡기 위해 노력한다. 이는 애자일 문화에서 실행과 실패를 반복하며 배우고 학습하며 성장하는 모습과 동일하다.

게임의 레이드 시스템은 기업의 조직문화에도 많은 시사점을 주고 조직과 구성원이 보고 배울 수 있는 점이 상당히 많다. 특히 애자일 문화를 적용할 수 없는 조직이나 도입에 실패한 조직에서 또 다른 대안으로 적용해볼 만한 문화라고 생각한다. 그리고 애자일 조직에서도 애자일 문화의 부족한 부분인 동기부여나 업무 몰입도를 레이드 시스템을 통해서 높일 수 있기 때문에 혼용해서 사용할 수도 있다.

레이드 방법론의 적용: 업무를 게임처럼

기업의 조직문화에 레이드 방법론을 적용하기 위해서 가장 먼저 해야 할 일은 딱딱한 업무 용어를 게임처럼 이해하고 느낄 수 있도록 게임 용어로 변경하는 것이다. 나의 경우에는 기본적인 워크플로는 애자일 방법론을 그대로 유지하면서 애자일 문화에서 사용하는 용어만 게임 용어로 변경해서 표현한다. 예컨대 '사무실'을 '인던'이라고 표현하고, 사무실에 '출근'하는 것을 인던에 '입장'한다고 이야기한다. 그리고 애자일 문화에서 업무의 주기를 의미하는 '스프린트'는 '레이드'로, '작업, 일감, 이슈' 등은 '퀘스트'나 '미션'으로 표현한다. 또한 '일일 스크럼 작성'은 '일일 업적 작성', '스프린트 플래닝 미팅'은 '레이드 전술 미팅', '스프린트 회고'는 '레이드 회고'로 표현하는 식이다.

개별 작업을 게임의 퀘스트처럼 변경하기도 한다. 작업을 게임의 퀘스트처럼 변경하기 위해서는, 작업마다 스토리의 제공과 함께 임무나 목표를 명확히 제시하고 목표 달성 시에 지급되는 보상이 명시되어야 한다. 또한 임무 완료나 목표 달성 여부를 판단할 수 있는 지표 등을 기록하여 퀘스트의 목표를 명확하게 제시한다. 그래서 측정이 필요한 지표와 목표 수치 등을 기재해 해당 임무 완료나 목표 달성 시에 보상을 지급한다.

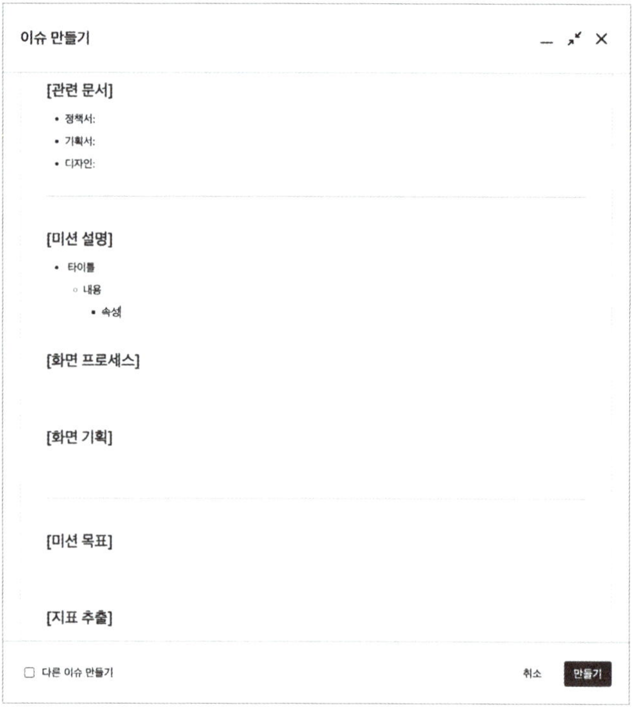

▲ 칸반 보드에서 미션 생성 시 미션 시나리오와 목표를 명확히 제시하기 위해 위와 같은 템플릿을 만들어 제공하고 있다.

퀘스트의 임무 완료나 목표 달성 시에 지급되는 보상은 특별한 경우를 제외하고는 애자일 방법론에서 사용하는 '스토리 포인트'를 '포인트'로 지급한다. 포인트가 게임에서 골드나 경험치의 역할을 한다고 보면 된다. 특별한 경우라면, 퀘스트보다는 미션 수준의 임무가 퀘스트로 주어졌을 때 그 보상으로 상품권이나 회식비 지원, 휴가 등을 회사나 경영진으로부터 지원받아 명시하기도 한다. 퀘스트를 수행할 때마다 스토리를 읽고 퀘스트를 수행한 다음, 임무를 완료하거나 목표를 달성하면 이에 대한 보상으로 포인트를 얻는 것이다.

또한 퀘스트에서 포인트는 골드의 역할이면서 동시에 경험치experience point, XP를 의미한다. 즉, 퀘스트를 수행할수록 그 보상으로 골드와 함께 경험치가 쌓이는 것이다. 그래서 누적된 포인트는 휘장으로 교환하여 휘장의 개수에 따라 성과급이나 연봉 인상 등을 결정하는 금전적인 보상의 목적으로 활용하고, 경험치를 통해 휘장과 함께 직책이나 직급(레벨) 등의 상향을 위한 기준으로 활용하기도 한다.

굳이 포인트를 골드와 경험치로 구분할 필요가 있을까 싶지만, 목표의 수행과 달성을 구분하기 위해서 필요하다. 퀘스트를 수행하면 포인트만큼 경험치를 쌓을 수 있지만, 퀘스트를 수행해도 임무나 목표를 달성하지 못하면 골드를 의미하는 포인트는 지급받지 못한다. 예컨대 특정 기능의 개발을 통해 사용자 전환율을 5% 이상 올려야 하는 퀘스트일 경우, 기능을 개발해서 배포했으나 전환율을 5% 이상 올리지 못했다면 퀘스트는 수행했으나 퀘스트의 목표를 달성하지 못한 것이다. 따라서 경험치는 쌓이지만 골드는 받지 못한다. 그래서 이를 구분하고 지급한다. 그러면 개인별 목표 달성률을 측정할 수 있다. 레이드 주기별로 개인이 쌓은 골드를 경험치로 나누면 개인별 목표 달성률을 측정할 수 있는데, 이를 통해 구성원들의 퀘스트 수행에 따른 목표 달성률을 확인하고 코치할 수 있다.

또한 포인트를 통한 경험치는 퀘스트를 많이 수행했다는 의미이기 때문에 체력health point, HP의 용도로 활용하기도 한다. 레벨이나 연차별로 최대 HP를 차등 적용하고 경험치 수치로 차감하는 식으로 운영한다. 그래서 HP가 모두 차감되면 휴가 등의 보상을 통해 이를 다시 채운다. 예컨대 레벨이나 연차가 높은 사람은 더 많은 퀘스트를 수행할 수 있을 것이다. 그러면 주니어보다는 시니어가 HP가 클 수밖에 없다. 그리고 퀘스트를 수행하면 포인트로 쌓이는 경험치만큼 HP에서 차감하는 것이다. 그래서 HP가 모두 차감되어 0이 되면 휴식을 취하며 체력을 보충할 수 있도록 휴가 등을 제공한다. 그러면 다시 HP가 최대치로 채워지며 퀘스트를 수행할 수 있는 것이다.

구분	명칭 및 역할	설명	
포인트 (1인당 기준 스토리 포인트는 32p)	골드(Gold) 역할	• 퀘스트 목표 달성 시 지급 • 휘장 교환 가능 > 휘장 교환 비율은 30 골드 = 1 휘장 • 휘장 개수로 개인 평가 진행: 성과급 지급이나 연봉 인상 등의 금전적 보상	
	경험치(XP) 역할	레벨(Lv) 역할	• 퀘스트 수행 시 지급 • 휘장과 함께 직책이나 직급 등의 레벨 상향을 위한 기준으로 활용 > 레벨 시스템 문서 참고
		체력(HP) 역할	• 레벨별로 Max HP를 설정하고 경험치(XP)로 차감 • HP가 0이 되면, 휴가 등을 제공 > Max HP 회복
특별 보상	상품권, 회식비, 휴가 등 지급		

▲ 레이드 방법론에서 퀘스트 수행 시 보상 시스템 예시

포인트와는 별개로 컨디션spirit point, SP이라는 수치를 측정하기도 하는데, 이는 오늘의 기분 상태를 100점 만점으로 표시하는 것이다. 리더는 레이드 단위로 구성원들의 SP 변화를 추적하며 평균값을 유지한다. SP 변화의 추이가 비슷한 동료들끼리 다음 레이드에서 점심 식사를 같이 하는 등의 게이미피케이션 장치를 협의해서 추가하기도 한다. 이렇게 XP 또는 HP와 SP를 운영하는 것은 애자일의 번다운 차트burn down chart와 유사하다. 공대장은 공대원들이 레이드를 즐겁고 열심히 뛸 수 있게 하면서도 번아웃이 되지 않게 HP를 측정하고, 조직의 분위기를 좋게 유지하기 위해 SP를 살피며 공격대를 관리 및 운영해야 하는 것과 마찬가지다.

결국 조직의 운영 방식을 게임처럼 변경하려면, 게임의 온보딩 시스템과 같이 조직이 정한 레이드 방법론과 규칙을 잘 정리해서 가이드북으로 제공해야 한다. 또한 수습 기간 3개월 동안은 레이드 방식에 익숙해질 수 있도록 평가 및 보상에서 제외한다.

레이드 조직의 평가와 보상

모든 구성원이 조직의 미션과 제품의 가치에 공감하며 목표에 집중하고 열정을 다해 레이드를 뛰면 좋겠지만, 소명의식이나 사명감을 가지고 레이드를 뛰는 공대원은 소수에 불과하다. 이러한 노력만으로 구성원들이 퀘스트에 집중하고 몰입할 것이라고 기대하긴 어렵다. 또한 청년세대들은 여전히 수직적이고 보수적인 조직문화 때문에 입사와 퇴사를 반복한다. 청년세대와 함께 효율적으로 일하기 위해서는 이들이 좋아할 만한 문화를 만들어야 한다.

입사 시에 정해진 급여나 공통으로 제공되는 복지는 모두 당연하다는 듯이 생각한다. 복지는 채용 등의 구인 시에나 도움이 되지, 지속적인 동기부여에는 큰 도움이 되지 않는다. 최고급 장비는 노후화되기 때문에 시간이 지나면 결국 불만이 생길 수밖에 없다. 또한 회사 사정이 어려워 연봉이 깎이거나 성과가 좋지 않아 연봉 상승률이 낮으면 이 또한 불만이나 퇴사의 이유가 된다. 그래서 급여나 복지는 구성원에 지속적인 동기를 부여하지 못한다. 따라서 성과급을 지급하지만, 앞서 이야기한 바와 같이 분기나 1년마다 지급되기 때문에 지속적인 동기부여에 그다지 도움이 되지는 않는다. 그보다는 게임처럼 과정이나 작은 성공에 즉각적이며 반복적으로 지급되는 보상이나 아이템이 더 좋을 수 있다.

나는 애자일 문화에서 조직과 개인이 함께 성장하기 위해 가장 중요한 과정이 스프린트 회고라고 생각한다. 따라서 레이드 방법론을 적용했을 때도 스프린트 회고와 동일하게 레이드가 종료되는 금요일 오후 4시에 레이드 회고를 진행하고 레이드 주기를 마무리한다. 그리고 레이드 회고 시간을 통해 모든 공대원이 이번 레이드를 진행하면서 느낀 점을 자유롭게 공유하고, 다음 레이드를 위해 개선할 부분을 파악한다. 좋았던 부분(Keep)과 개선이 필요한 부분(Problem), 그리고 시도해볼 부분(Try)을 공유하는 **KPT 회고**를 하는 것이다.

회고 진행 시 주의해야 할 사항은 회고는 성장에 목적이 있기 때문에 비난과 비방을 하지 않아야 한다는 것이다. 그리고 효율적인 진행과 변화를 측정하기 위해 정량화된 방법을 고민해야 한다. 이를 위해 각자 10점 만점으로 이번 레이드를 평가하고, 좋았던 점과 아쉬웠던 점을 공유한다.

그리고 문제를 제기할 때는 자신이 생각한 문제의 해결책을 반드시 함께 이야기해야 한다. 그래야만 순간적인 비난이나 비방을 하지 않고 건설적인 비판이 가능하기 때문이다. 공유된 문제에 대해서 다수의 공감대가 형성된 경우에는 해결책을 합의하고 모든 공대원이 이를 개선하기 위해 노력한 다음, 레이드 회고 때 다시 개선 여부를 점수로 평가한다.

또한 레이드 리뷰를 진행하며 각자 퀘스트 진행 상황 및 진행되지 못한 이유에 대해 공유하고 포인트와 경험치를 지급한다. 레이드 리뷰가 끝나면 바로 레이드 전술 미팅을 진행하며 다음 레이드에 진행해야 할 퀘스트를 정리한다.

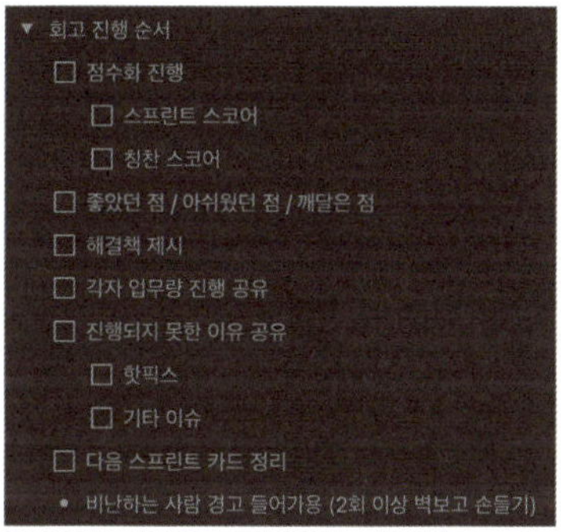

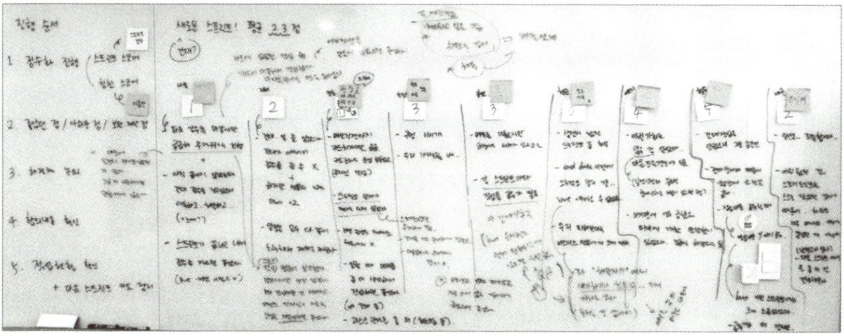

▲ KPT 회고 방법 및 예시

레이드 회고는 구성원이 서로의 의견을 공유하고 협력하여 개인과 회사가 함께 성장하는 데 그 목적이 있다. 목표 달성도 중요하지만 구성원들이 함께 성장해야 더 큰 목표를 가지고 제품을 성장시킬 수 있기 때문이다. 따라서 리더는 좋은 회고 문화를 정착하고 유지하기 위해 많은 고민과 노력을 해야 한다.

애자일 조직에서의 개인 평가는 전사 OKR과 직군별 OKR의 달성률 또는 성장률에 동료 평가 점수를 반영한다. 따라서 OKR을 통해 제품의 성장에만 집중하거나 지나치게 수치와 지표 중심으로 판단하고 결정하는 등의 문제가 발생할 수 있다. 레이드 방법론에서는 레이드가 종료되면 레이드 회고 마지막에 이번 레이드에서 가장 기여도가 높았던 동료를 레이드 MVP 또는 레이드 히어로로 선정한다. 그리고 이 선정 결과를 개인 평가 결과에 반영한다. 직군별 평가로는 직군 내에서 열심히 노력해 성과를 만들어낸 사람과 그렇지 않은 사람에 대한 변별력이 없어 무임승차 효과가 발생하여 모두가 열심히 일할 동기가 사라진다. 따라서 서로 견제하고 긴장감을 부여하면서 동기를 부여하기 위해서는 MVP나 히어로 선정을 통한 주기적인 상호 평가 방식이 꼭 필요하다고 생각한다.

모든 멤버는 자신을 제외한 이번 레이드에서 가장 기여도가 높았던 3명의 동료에게 공개적으로 이유를 설명하며 하나씩 휘장을 주도록 한다. 그리고 3개월마다 보유한 휘장과 포인트를 합산해 해당 분기의 평가 결과에 반영한다. 포인트에 따른 휘장의 환산 가치는 구성원의 합의에 의해 적절한 비율을 결정한다. 나의 경우에는 30포인트를 1휘장으로 환산

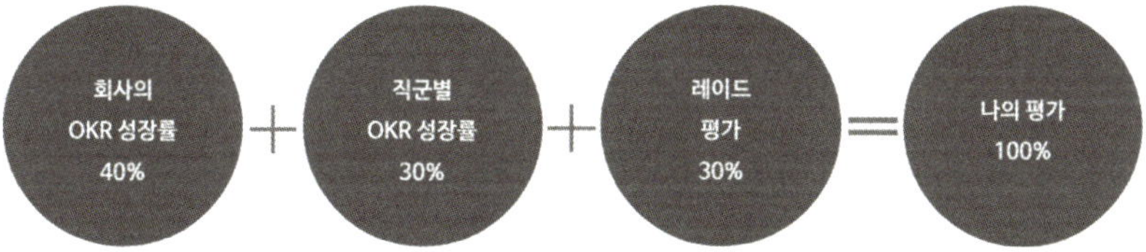

▲ 레이드 방법론을 적용한 개인 평가 방법 예시

하되 운영하면서 조정해나간다. 이러한 레이드 평가를 통해 즉각적인 보상을 지급하는 효과를 가져올 수 있다.

사실 애자일 방법론은 퇴사를 줄이거나 유도하는 등의 효과는 없거나 미비하다. 하지만 레이드 방법론은 누적되는 보상 시스템과 경험치로 인해 능력 있는 동료의 퇴사를 줄이는 데 도움이 된다. 중간에 퇴사하면 그동안 모은 휘장과 경험치를 모두 버려야 하기 때문이다. 반면에 레이드에 기여도가 낮고 퀘스트를 수행하며 임무를 완료하거나 목표를 달성하지 못해 포인트까지 적은 구성원은 자연스레 퇴사할 수도 있다.

15

실패하더라도

많은 IT 제품이 망하고 프로젝트가 실패하는 이유는 셀 수 없이 다양하다. 그리고 사람마다 생각하는 원인과 이유도 모두 다를 것이다. 누군가는 동료나 직원의 핑계를 댈 것이고, 누군가는 경영진이나 리더의 핑계를 대거나, 또 누군가는 제품이나 시장에서 핑계를 찾을 것이다. 그 모든 것이 실패한 이유일지도 모른다. 어찌 되었든 대다수 제품과 프로젝트는 실패를 경험할 수밖에 없다. 다수의 기업과 제품의 수명이 인간의 수명보다 짧으니 제아무리 성공한 기업이라 할지라도 언젠가는 망할 것이기 때문이다. 그럼에도 불구하고 인류는 끊임없이 도전과 실패를 반복하며 성공하고 성장한다. 누군가는 실패를 무서워하고 두려워하며, 누군가는 실패에도 불구하고 도전한다. 누군가는 실패에도 불구하고 도전을 멈추지 않고 해야 한다고 하고, 또 누군가는 실패를 욕하고 비난한다. 어떻게 해야 실패에도 불구하고 박수를 받을 수 있을까?

실패에 박수 쳐주기 위해선

나도 나의 실패에, 친구들과 동료들의 실패에, 회사의 실패에 진심으로 박수를 쳐주고 싶다. 그런데 그게 말처럼 쉽지가 않다. 과거 나의 실패에 나 스스로도 고생했다며 위로와 함께 박수를 쳐주고 싶었지만, 현실의 벽은 높고 실패는 뼈아팠다. 그래서 박수를 쳐줄 경황도 없었고, 또 주변에서도 박수를 쳐주기는커녕 차가운 시선을 보내거나 외면했다. 또한 동료와 회사의 실패에 박수를 쳐주고 싶었지만 박수는커녕 욕이나 안 하면 다행이었다. 왜 나의 실패에, 동료들과 회사의 실패에 박수를 쳐주지 못했을까 생각해보니 몇 가지 이유가 있었다. 결국 실패에 박수 쳐주기 위해서는 다음과 같은 전제가 필요하다.

프로젝트의 난이도가 너무 낮아 누가 해도 성공할 수 있는 프로젝트이거나, 회사의 전폭적인 지지나 지원 등으로 이미 그 성공 가능성이 높아 누구나 참여하고 싶어 하는 프로젝트이거나, 어떠한 이유로 동료들의 공감과 동의를 받을 수 없는 프로젝트라면, 실패 시 동료들에게 박수를 받기는 어렵다. 하물며 특정 프로젝트를 동료들 몰래 또는 공감대 형성이나 동의 없이 진행하다 성공은커녕 수습이 어려워 동료들에게 도움을 요청했다면 어떻게 될까? 결국 그 프로젝트가 실패한다면? 실패에도 박수를 받으려면 동료들이 공감하고 동의할 수 있는 적정한 규모의 프로젝트여야 한다. 그렇지 않은 프로젝트가 실패했다면 박수는커녕 욕을 안 먹는 것만도 다행이다.

비록 프로젝트가 실패하더라도 그 과정과 결과에 대한 냉정한 평가와 함께 그 기록을 공유해야 한다. 그리고 공유를 통해 조직이 동일한 실수나 실패를 반복하지 않을 수 있다면 다음 도전 시 성공에 한걸음 더 가까워졌기 때문에 박수를 받을 수도 있다. 그런데 그 실패에 대한 냉정한 평가도 없이 이를 숨기거나 묻기 바쁘다면 박수를 받을 수 있을까? 그리고 실패의 원인과 책임을 두고 서로 떠넘기거나 비난하고 힐난하고 있다면? 그 평가와 기록을 통해 조직이 배우고 실패의 확률을 줄여야 하는데 평가와 기록이 없다면 박수는커녕 욕을 먹을 수밖에 없다.

마지막으로 프로젝트에 참여한 구성원들이 실패에도 불구하고 프로젝트의 구성원이었다는 사실에 자부심을 느끼고 많이 배우고 성장해야 한다. 그렇다면 프로젝트가 실패했더라도 박수를 받을 수 있다. 이 프로젝트를 통해 성장한 구성원들이 다른 팀이나 프로젝트에서 회사의 성공에 크게 기여할 것이기 때문이다. 그렇게 구성원들이 회사 곳곳에서 실력을 인정받으며 회사의 성공에 기여하고 있다면 실패한 직후에는 욕을 먹었을지라도 결국에는 박수받을 수 있을 것이다.

맺음말

인간은 모두 행복해지길 원한다. 그래서 인생의 많은 시간을 보내는 직장에서도 행복을 추구하고 행복해야 한다. 하지만 아침 지하철에서 출근하는 직장인이나 동료들의 모습을 보고 있으면, 대다수 행복이나 활기를 찾아보기 어렵다. 안타깝게도 생존을 위해 어쩔 수 없이 출근하는 모습이다.

구성원들의 가치관과 철학이 모두 다르겠지만, 모두가 행복하게 일할 수 있는 환경을 조성하기 위해 노력하는 것이 중요하다. 최고의 인재, 성공하는 팀, 위대한 제품, 일하고 싶은 기업을 만들기 위한 가이드북으로 집필했지만, 이 책을 통해 여러분들이 행복한 회사와 팀을 만들고, 행복한 직장 생활을 하는 데 조금이나마 도움이 되었으면 하는 바람이다.